낭만적-인상주의,
블루 발렌타인의 시

Romantique-Impressionnisme

midnight poetry

※ 풍경 그림에만 캡션을 넣었다. 인물 그림에는 캡션을 넣지 않았다.

예술 작품. 감히 그 위에 존재하는 예술을 그리자.
알 수 없는 것, 저 깊은 것, 그것을 쓰자.

이 책은 인상주의에 대한 설명이나 해석을 한 것이 아니다. 좋아하는 글, 그림, 음악에 대한 나의 인상과 빛과 색채의 흐름을 적은 글이다.

인상주의의 시대인 19세기 프랑스 파리에 대한 나의 환상과 동경을 담은 글이면서 동시에, 그림에 방황하며 내 그림의 의미를 찾아가는 과정이기도 하다.

낭만적-인상주의

뉘앙스, 분위기, 음악과 목소리의 인상, 숨 쉬는 호흡의 흐름, 잠깐의 쉼.
그것을 표현하고 싶었다. 환상 혹은 몽상 같은. 이러한 것들을 하나로 묶을 수 있는 단어, 그것이 필요했다.

낭만적-인상주의.
나는 나의 작업을 '낭만적-인상주의'라고 부르기로 했다. 마이너한 느낌의 밤기운이 충만한 낭만적 인상주의,

그리고 내 세계.
블루 발렌타인의 시.
영상미가 느껴지는 글과 그림. 그런 작품을 만들고 싶었다.

시적이면서 우아하게, 깊고 환상적이게

목차

문장 없는 밤
챕터 프롤로그 1 _ 유령의 미장센
    서곡 overture
    ...He's there..
    거울 Miroir 라벨과 유령의 환영
    라벨과 유령의 샹들리에 La valse
챕터 프롤로그 2 _ 나무의 기록
    인상주의 나무 낭만주의 숲
    오후의 파랑
신예술 1
신예술 2
신예술 3
신예술 4
Scherzo No.1 스케르초 1번
만남. 환상 즉흥곡 소년
아망딘 오로르 뤼실 뒤팽
어느 날의 일기
Blue in green 베이비 블루의 여름

블루 발렌타인의 시
    여름 장미는 힘이 없다
    아무도 말해 주지 않은 것
    파도가 내려오는 검은 장막 가운데에서
    Blind 블라인드
    여름에 태어나는 파랑

La Belle Personne

블루와의 인터뷰

고전-낭만적 초상

Cruel summer 잔혹 여름

불면의 밤/ 밤의 예민함

Muse 1

Muse 11

Cherish me, Baby

빛이 없는 인상주의

어느 블루의 고백

Mad about you

어느, 여름의 노래/ 여름의 시

Rain

Lost Paradise

사계_겨울

살롱전. 파리의 빨간 풍차

Give to me forever 절대 낭만

New moon 삭. 달 없는 밤

문장 없는 밤

　책을 펼친다. 가장 마음에 드는 책, 벌써 네 번째 읽는 책, 혹은 요즘 제일 읽고 싶은 것일지도 모른다. 신중하게 고르고 첫 장을 펼친다. 종이의 냄새를 맡는다. 코를 가만히 가져다 댄다. 글을 읽기 전에 먼저 종이의 냄새를 맡는 것은 일종의 어떤 의식 같은 습관이다. 좋아하는 책을 더 좋아하게 되는. 닫혀 있던 세계의 비밀스러운 공간에 들어가게 되는. 나의 존재를 글의 영역에 조금씩 새기게 되는. 새것에서도 오래된 고서적의 냄새가 나는 경우가 있는데, 그럴 때면 책의 매력은 배가 된다. 한 장 한 장, 조심스럽다.

책을 둘러싸고 있는 겉표지를 벗겨내어 본다. 책의 제일 안에 위치한 원래의 모습을 보는 것이 좋다. 어쩌면 아무도 관심 두지 않을 부분까지도 신경을 쓴 흔적이 보이면 감탄스럽다. 등 부분의 양 끝이 빳빳하고 구겨짐이 없는 깨끗한 책. 날카롭고 섬세하게 떨어지는 각진 모습은 그 자체로 아름답다.

나는 그런 것에서 완벽함을, 약간의 경외감을 느낀다. 아무도 밟지 않은 순수한 눈을 볼 때와 같은 마음이 든다. 행여 책을 넘기다가 구겨지게 될까 봐 조심스럽다.

비어있는 첫 장을 넘기고 다음 장의 글자의 배열을, 공간에서 차지하는 느낌을, 제목만 적힌 페이지가 주는 정갈함에 벅차오르는 마음을, 가만히 느낀다. 글과 책이 주는 기운을 느낀다. 그러면, 나도 글을 쓰고 싶다. 이야기를 쏟아내고 싶다. 나만 쓸 수 있는 글을 만들어 내고 싶다.

글을 쓰고 싶다. 강렬하게. 아주 독특한 방법으로. 어쩌면 그것은 갑자기 밀려오는 충동 같은 것일지도 모른다. 충동은 너무 강렬해서 오히려 미로에 빠뜨린다. 쓰고 싶지만 평범하지 않은 것을 쓰고 싶은 열망은 글을 가로막아 버린다. 호흡을 흐름을, 문장과 글자만이 가지고 있는 분위기를, 오직 책을 읽을 때만 되살아나는 느낌이 방 안 가득 찰 때를 기다린다.

　　쌓여 있는 책들을 본다. 이미 읽은 책 중에서 마음에 드는 것은 책장에 정리하지 않고 따로 빼놓는 습관이 생겼다. 다 본 책을 몇 번이고 다시 읽는 것도 새로 생긴 습관이다. 감각을 일깨워 줄 어떤 것, 혹은 사로잡는 어떤 것을 다시 발견하기 위한 강박이다.
그것은 문장 없는 밤으로부터 시작되었다. 분명한 말이 없으니 문장이 나오지 않는 밤이 이어졌다. 마찬가지의 낮을 보냈다. 역시 다를 것 없는 밤이 반복되었다. 선과 색의 의지는 하얀 공백 아래에 묻혔다.

　　한 뼘 남짓한 작은 창문 너머로 빼곡히 보이는 하늘의 별. 흑백의 배경은 창살의 냉혹함을 날것으로 보여 주었다. 별을 눈에 담는 이의 담담한 마음은 문장이 되어 하늘에 촘촘히 박힌다.

쓰는 마음. 종이 위에 새기는 행위에서 느껴지는 정다운 마음과 굳건함과 초연한 태도는 빳빳하고 구김 없는 종이의 냄새를 떠오르게 한다. 새 책을 펼쳤을 때 퍼지는 활자의 냄새를.

마음을 가다듬고 다시 글을 쓴다. 문장 없는 밤에 자음과 모음을 먼저, 천천히 낱말 하나를 풀어 본다. 내가 경외하는 종류의 책을 마주했을 때 느끼는 감정을 내 것으로 보여주려는 의지를 가지고 비어 있는 밤에 문장을 채워 넣는다.

챕터 프롤로그 1 _ 유령의 미장센

Gouache on paper, 2022

그러니까, 이건 음악에 대한 이야기다. 서로 닮아 있는 클라이맥스를 가진 음악의 절정 부분에 대한 이야기다. 시도 때도 없이 바뀌는 음악에 대한 인상이다. 혹은 음악이면서 음악이 아닌 그림에 가까운 것이 섞여 있는 이야기다.

서곡 Overture

 밤이 떨어졌다. 공중에서, 하늘에서, 천장에서.
부서진 밤은 새벽을 맞이하지 못하고 그대로 오랜 시간, 잠들어 있다.

 ... 당신의 남은 날들을 다시 시작해보지 않겠습니까. 오래된 태엽 인형, 먼지를 쓸어내리자 인형에게서 들리는 환청 같은 목소리, 노래, 그리고,
  마침내 밤이 깨어난다.
세월의 무게를 털어내며 공중으로 올라간다.
흔들거리는 밤의 파동에 주위의 것들이 함께 눈을 뜬다.

밤을 살아나게 하는 최고의 장면을 기억하라. 피가 끓어오르는 것을 느끼게 해주는 그 장면을, 음악을, 먼지로 가득한 지나간 시대의 잔재에 빛을 불어넣어 빛나는 샹들리에로, 붉은 카펫에는 선명한 생명을, 반짝이는 청동의 조각상에 살아있는 숨결을 주었던 시간과 공간으로 탈바꿈하는 색의 장면을.

무채색의 빛과 어둠으로 표현되던 장면이 파란색으로, 푸른 것처럼 보이는 색으로, 붉은색으로, 빛나는 색으로, 레몬과 주황색으로, 채색된 빛으로 스며들 때의 전율을, 기억하라.

음악으로 압도하는, 음으로 짓누르는 느낌. 음의 무게로 목을 조여오는.

그러면 아, 이 음악은 절대로 이길 수 없겠구나, 하는 생각에 그것을 절대적으로 신봉하게 되는 것.

그때, 들려오는 거야.

... 그는 저곳에 있어.

...He's there..

새벽, 뒤척이다 시간을 확인한 것이 세 시 무렵이었는데 얼마나 더 흘렀을까. 조금 더운 것 같아 이불을 밀쳐내고 다시 편한 자세를 찾으려 움직였다. 꿈과의 경계가 사라진 느낌을 아는가. 갑자기 꿈이 확, 밀려 들어온 느낌. 이불을 밀쳐낸 자리에 들어와 대신 덮어버린 꿈을, 그리고 느껴진 손의 존재를. 그보다 얼굴을 덮어버린 또 다른 얼굴의 존재를. 이게 현실인가 싶을 만큼 갑자기 또렷해진 정신으로 제일 먼저 알아차린 것은 입술과 닿아 있는 누군가의 입술이었다.

정체를 알 수 없는 누군가와 위험할 수도, 아니면 의도된 상황일 수도 있는 장면이 툭, 벌어졌는데 꿈인가, 꿈이겠구나. 조금 안심하다가 그러기에 너무나 생생한 촉감과 느낌에 현실이구나, 그러자 불안해졌다. 강렬함과 불안은 비례해서 허리를 감으려는 손에 들어가는 힘이, 짓누르는 힘이 강해질수록 기억하지 못하는 현실이 벌어졌다는 생각에 여기에서 벗어나야 한다고, 알 수 없는 단어를 내뱉았다.

소리가 나오지 않아 끊어진 단어로, 비명처럼 갈라져 금방 공중에 먹혀들어 가는 새된 소리를 몇 번 내지르자 원래부터 없던 것처럼 남자의 형체가 어두운 방과 하나가 되었다. 마지막으로 크게 소리를 내려는 목소리가 현실로, 실제의 울림으로 되돌아왔으니, 역시 꿈이었나, 해체된 경계의 잔해들이 잔물결처럼, 실처럼, 부서져 바다 위를 표류하는 뗏목 조각처럼 옆을 흐르는 것이 보였다.

잔상을 헤치고 핸드폰을 찾았다. 시간을 확인하고 실재하고 있다는 것을 알아야 했다. 전원이 꺼진 것처럼 작동하지 않는 핸드폰 화면에 비친 어두운 얼굴의 형상. 그것은 사라지기

전 마지막으로 각인하기 위해서인지, 아니면 끝까지 꿈에서 벗어날 수 없게 하려는 것인지 꽤 오래, 나를 바라보다 사라졌다. 얼굴이 전부 까맣게 어둠이었으니 눈은 보이지 않았지만 무엇을 보고 있는지 알 수 있었다. 그리고 다시 이불을 밀쳐낸 현실의 느낌. 시간을 알려주는 핸드폰 화면, 잠들기 전의 모습과 똑같은 방, 침대, 기억대로 누워있는 나, 가시적으로 보이는 단어들의 외마디 비명은 계속 메아리처럼, 끊어진 울림으로 침대 위를 맴돌았다.

돌아왔구나, 그제야 돌아왔다고. 하지만 불확실하고 모호한 상황에 마음은 진정되지 않았다. 실제와 이어지는 꿈의 존재, 깨는 것이 아니라 모습을 감추고 있다가 때가 되면 드러내는 꿈의 이상한 경험은 계속해서 환상과 현실 사이에서 방향을 찾지 못하고 두렵게 만들었다. 꿈과 현실이 직선 위에서 완벽한 균형을 이루었을 때, 어둠이 익숙해졌다고 느낄 즈음 스산한 기운이 마지막으로 나를 스치며 지나갔다.

본능적으로 눈으로 따라간 곳에 보이는 것은 침대 정면에 놓인 거울.

거울 Miroir
라벨과 유령의 환영

일어나 거울로 다가간다. 어둠 속에서 거울을 보는 것은 생각보다 오싹하다. 거울에 비친 검은 형체가 정말 나인 것인지, 갑자기 나와 다른 행동을 하는 것은 아닌지, 무서운 생각에 제대로 쳐다볼 수 없다.

홀로 어둠 속에서 거울에 비친 나를 가만히 본 적이 있는가? 어둠을 뚫고 아주 가까이 얼굴을 비춰본 적이 있는가? 두려움에 고개 돌리고 싶지만 그 느낌이 묘한 전율을 일으켜 쉽게 눈을 뗄 수 없을 것이다. 희미하게 반짝이는 두 눈동자를 자세히 본다. 다른 이의 모습이 보이지 않을까, 하는 생각을 한다. 이상한 끌림을 느낀다. 정신을 차리면, 나의 숨겨져 있던 기이한 모습을 알게 된 것 같아 정상의 범주에 벗어난 것 같은 불길한 생각이 든다. 방 안은 검푸른 빛이다.

우리가 보는 사물은 햇빛에 반사되는 가시광선에 의해 그렇게 보일 뿐이라는 글이 떠오른다. 실제는 우리가 보는 형체가 아니라는, 그런 글이. 거울에 투영된 이미지는 정말 내가 보는 것이 맞을까. 검푸른 내가 거울에 가까워졌다 멀어진다. 전에 본 검은 형체에 대해 생각한다. 거울에 마지막으로 드러난 사람의 형상. 시간이 지나도 잊히지 않는 미스터리한 환영. 어쩌면 환상.

넌 나를 알게 될 것이다.

내가 왜 그림자 속에 숨어 있는지.

네 얼굴을 거울에 비춰보라.

나는 바로 그 안에 있을 것이다.

밤에 어울리는 이야기가 떠오른다. 안과 밖 온 사방에 안개로 가득 찬, 그런 밤에 어울리는 이야기가. 저기 여자가 있다. 그녀는 홀린 듯 거울에 다가가 자신의 얼굴을 본다. 그러면 거울 안에서 모습을 드러내는 누군가. 천천히 내미는 남자의 손을 잡는 여자. 그러면 남자는 진짜가 된다. 거기서부터 이야기가 시작된다.

나는 어느 시절, 달에 미쳐 있었다. 하늘에 떠 있는 달. 월광. 그런 것들이 너무 좋아 어찌할 바를 몰랐다. 내가 공공연하게 말했기에 누구든 그것을 알고 있었다. 이것은 겉으로 드러난 나의 고상한 취향이었다.

사실 달과 같은 수준의 애정으로, 아니 그보다 조금 더 미쳐 있었던 것이 있었는데 첫 만남이 강렬했다.

내가 어렸을 때, 우연히 보게 된 영상은 천장에서 화려한 샹들리에가 추락하는 장면이었다. 무대 위, 박살 나버린 샹들리에 아래로 흘러나오는 것은 점성을 가진 빨간 피였다. 사이로 보이는 죽은 이의 뒤틀린 목. 놀라서 달려오는 사람들. 그들이 발견했을 때 천둥처럼 번쩍이며 내 귀를 때리던 그것.

영상은 거기서 끝이 났다. 애초에 애니메이

션의 짧은 홍보용으로 제작된 것이었다. 당시 큰 충격을 받았는데 잔인함 때문이 아니라 나를 사로잡았던 천둥 같던 '그것' 때문이었다. 애니메이션은 유명해서 이미 알고 있던 것이었지만 어떤 회차의 것인지 알지 못했고, 영상을 찾는 것도 당시에 어려운 일이었다. 언젠가, 기회가 된다면 만나게 될 것이라는 생각을 하며 짧게 사라져 버린 '그것'의 존재를 아쉬워했다. 감탄했다는 사실은 시간이 오래 지난 지금도, 나는 생생히 기억하고 있다.

어두운 배경에 샹들리에가 높이 솟은 극장을 보게 된 것은 그로부터 시간이 조금 흐른 뒤였을 것이다. 왠지 익숙한 배경과 무엇인가 떠오르게 만드는 음침한 분위기가 하나의 인상으로 생각나려는 그때, 어둠 속에서 누군가의 얼굴이 나타났다. 언뜻 비치는 하얀 가면, 그리고 깜짝 놀라게 하는 천둥 같은, '그것'이 함께 나의 감각을 일깨웠다.

생각했던 그 '언젠가'가 다시 찾아온 것이다. 나는 그것의 정체를, 앞으로 알게 될 큰 빙산의 작은 부분이었다는 사실을, 알고 보면 엄청난 이야기를 가진 것임을 깨닫게 되었다.

그렇다. 나는 형체 없이 던져진 목소리, 달래듯이 명령하는 말투에 매료된 것이다.

나는 침대에 누워 생각을 정리한다. 좀 전의 기이한 행동에 대해서, 거울 안에서 모습을 드러내는 남자, 그와 손을 잡은 여자, 그 후에 이어지는 이야기와 온통 검은빛인 장면들. 자욱한 안개. 그리고 여전히 방 안의 검푸른 빛을 본다.

나는 강 위를 지나고 있다. 물 흐르는 소리가 잔잔히 들리는 새벽의 밤, 거울로 머리를 매만지고 있다. 나와 함께 있는 남자. 그의 얼굴은 잘 보이지 않는다. 거울의 각도를 틀어 보아도 정확하지 않다. 누구였는지만 어렴풋이 기억할 뿐이다.

그와 나는 음악 축제에서 집으로 돌아가는 길이었다. 새벽까지 이어진 끝도 없는 떠들썩함, 술과 환호, 아직은 쌀쌀한 밤공기가 무색해지는 공간, 그것들을 뒤로하고 돌아가는 지금은 너무나 고요하다. 굳어져 가는 공기를 환기하기 위한 어색함의 다른 뜻으로 창밖만 뚫어지게 보았다.

그리고,

안개.

그 밤에 피어오르는 안개는 신기했다. 말간 검은빛 사이로 슬그머니 기어오르는 안개는,

안. 개. 라는 짧은 음절을 말하기도 전에 우리를 덮쳤다. 그 하얀 것은 초보다 짧은 순간에 전체를 집어삼킨다. 모든 틈을 뒤덮어 바깥은 겹겹의 희뿌연 운무로 가득하고 짙은 밀도로 완벽하게 시야를 차단해 버린다. 보이지 않는다. 계속 몸집을 불리는 탓에 짓이겨질 것 같은 공포를, 앞이 아무것도 보이지 않아 이대로 큰 일이 생길 것 같은 공포에 떨게 한다.

손에 들고 있던 거울을 떨어뜨렸다. 지탱해 주는 바닥은 없다. 안개는 원래 있던 공간과 전혀 다른 곳으로 데려가고 있었다. 무엇이 있는지 모르는 무방비 상태에서 앞으로 나아가야 한다. 가벼운 존재는 한없이 무겁다.

나는 두려워하고 있구나,

느낌이 생생하다.

저 멀리, 깜빡이는 붉은색 불빛이 보인다.

일정한 리듬으로 꺼졌다 켜지는 것이 꼭 방향을 알려주는 것 같다. 여전히 시야의 바로 앞조차 안개로 가려져 있다. 끝나지 않는 악몽 속에서 헤매고 있는 것일까. 잊고 있었던 남자의 말소리가 들린다. 그의 존재를 깨닫고 아마도 왼쪽으로, 그의 소리가 들리는 쪽으로 고개를 돌렸다.

 안개가 조금씩 걷히기 시작했다. 흩어지면 순식간에 증발해 버린다.

 나는 눈을 뜬다. 전부 사라진 방 안이다. 주위를 둘러본다. 거울은 여전히 고요한 검푸른 빛이다. 누군가 스쳐 간 듯, 손 등 위에 머문 스산함에 손을 감싼다.

라벨과 유령의 샹들리에
La valse

1.

밝히는 것도 번지는 불빛도 달도, 어슴푸레한 구름의 그림자가 주는 마음의 평안함도 없는 어둠이다. 하늘에서 발밑까지 밤이 내렸다. 어둠이 끝없이, 끝없이, 폭우가 쏟아붓는 것처럼 온 세상에 내렸다. 길은 삼켜졌고 어둠을 헤집고 가려는 깨어 있는 것들은 방황한다. 방향과 목적의 상실. 말 없는 어둠의 무게에 침몰한다.

그리고, 잠들어 있는 샹들리에.

유일하게 침몰하지 않고 대항한다.

2.

어떤 서사. 여자는 책장에서 오래된 책 한 권을 발견했다. 대학 시절 들었던 교양 수업 중 기억에 남은 남성 무용수의 영향으로 이끌리듯 구입했던 책이다. 그 무용수는 시대의 천재로서 세기가 변해도 두고두고 회자되는 인물이었다.

'니진스키'는 무용에는 문외한이었던 여자에게 또 다른 세계를 알려준 이름이 되었다. 여자가 발견한 책은 니진스키의 자서전 다음으로 읽은 책인데 또 다른 무용가 '누레예프'에 관한 내용으로, 이 책을 알게 된 것을 꽤 기뻐했던 기억이 있다.

책장에 전시품처럼 꽂혀 있어 쉽게 눈에 띄는 '피아노의 숲'은 라벨의 '라 발스'로 끝을 맺었다. 이 책이 나왔을 당시에는 몰라서 잊어버렸지만 지금은 좋아하는 작곡가의 곡이라 지나칠 수 없다.

한참이 지나 라벨과 니진스키가 연관이 있다는 것을 알게 되었을 때 희미하게 떠오른 생각이 있다. 우연이 아니라 이렇게 될 수밖에 없는, 결국 정해져 있던 일이라는 운명론적인 생각. 결국 라벨과 '라 발스'라는,

설명할 수 없는.

3.

유령.

... will you still play... when all the rest of us are dead...

세월이 눌어붙은 원숭이 뮤직박스를 손에 쥔다. 손에 잡으니 무반주로 얘기하듯 노래하는 목소리가 들린다. 허망함이 담긴 목소리의 주인이 주변 어딘가에 숨어 있을 것 같다. 망가진 샹들리에에 모든 조명이 찬란하게 빛나던 때, 오페라 극장의 미로 같은 어둠 속에 자신의 왕국을 세웠던 의문스러운 사람. 붉은 장미 한 송이가 떠오르는 자. 원숭이 뮤직박스에서 흐르는 음악을 슬프게 읊조리던 남자가. 원숭이는 '가면무도회'를 신나게 연주했었다...

그리고 나는 그 장면을 몇 번이나 돌려 본다. 죽은 샹들리에에 불이 살아나며 웅장한 사운드가 귀를 얼얼하게 강타하는 그 시작점을, 집요하고도 끈질기게, 끊임없이 반복한다.

피가 끓어오른다는 느낌이 이런 것이구나, 나는 음악을 들으며 생각한다. 전율에 소름이 오소소 돋아난 채로 그 어느 때보다 살아있음을 느끼며, 나를 저 세계로 보내는 것이다.

그러면 나는, 유령이 된다.

4.

"환상적이고 운명적인 소용돌이."*

"가장 기괴하고 화려한 가면무도회... 소용돌이치는 구름 사이로 왈츠를 추는 남녀들이 어렴풋이 보인다. 그 방탕하고 화려한 연회...이윽고 포르티시모에서 샹들리에의 불빛이 휘황찬란하게 빛을 발한다."*

그는 모든 것에서 영감을 받는다. 우울하고 본인의 색깔이 강한 문학 작가의 책에서 영감을 떠올린다. 특유의 분위기와 작가의 글은 어딘가 닮았다.

나는 방관자의 태도로 그것을 지켜본다. 형형색색의 가면들, 그중 누군가는 이날을 위해 얼굴을 가린 것은 아니다. 그는 음악의 주인공이다.

너는, 그것의 완벽한 청각화가 된 음악을 들어본 적 있니? 동시에 시각화가 되어 눈 앞에 펼쳐지는 경험은?

... 나 역시 사람을 현혹하는 의문스러운 존재를 창조하고 싶은 생각은?

.

5.

저 세계.

두 개의 무도회를 부유한다. 서로 다른 공간에 있는 샹들리에 아래에서 가면무도회가 열린다. 관능적이고 열정적인 사랑을 할 때 따라오는 불타는 감정이 난무하는 파티다. 혹은, 매혹과 창조에 대한 갈망을 담은, 이해할 수 없는 절대적 광기 어림의 연극이다.

그러니까, 위험한 분위기는 피를 끓어오르게 만든다. 손아귀를 뻗어 움켜쥐고 싶은 욕망이 들게 만든다.

나는 계속 지켜본다.

화려한 글리산도와 함께 기괴하게 이지러지는 화음. 두꺼운 유리를 강타하며 갈라지는 천둥번개 같은 강렬함에 긴장과 손잡고 춤추는 무도회는 어딘가 새롭다. 아슬아슬한 긴장이 사람들 사이를 돌아다니며 누구를 건드릴지 엿본다.

돌아갈 수 있는 경계는 지났다.

... 이런 것에 끌리는 것을 보면 역시, 여전히 나는 위험을 즐긴다.

살짝 느린 박자로 뒤에서 들어오는 오케스트라. 바이올린 소리.

유혹 옆에는 거짓말이라는 단어가 쓰인다. 여자는 거짓말로 속삭인다.

여자에게 사랑을 말하는 남자는 진심으로 보인다. 하지만 어딘가 성급하다.

절대 나오면 안 되는 사랑 노래를 부른다.

무도회는 잘 짜인 연극이다. 덫이다.

모두가 그 남자를 주시한다. 나 역시, 미친 연극의 마지막이 궁금해 기괴한 음악 속에 계속 머무른다.

다시 한번, 포르티시모의 첫 음과 함께 미친 듯한 속주로 굴러오는 글리산도. 굉음과 함께 제일 높은 곳에 솟아 있던 샹들리에를 지탱하는 벽에 균열이 생긴다. 회색 부스러기가 일며 벽이 무너진다. 도망치는 사람들은 서로 엉키고 난장판이 된다. 남자는 여자를 낚아채 비밀의 장소로 몰래 달아난다.

사방이 붉은 불길에 휩싸인다.

나는,
밖으로 도망치지 않고 유령을 쫓는 길을 따라간다.
이 안에 남아있는 것을 선택한다.

어디에서도 볼 수 없는 샹들리에의 강렬한 아름다움을 가진 음악, 이 매혹적인 미로에서 나의 길을 발견하기 위해 내려간다. 깊이. 더 깊이.

※ '라 발스'에 대한 라벨의 설명이다. 소설가 '에드거 앨런 포'의 소설 [붉은 죽음의 가면]의 한 구절과 비슷하다.

쳅터 프롤로그 2 _ 나무의 기록

Gouache on paper, 2022

노랗게 끝이 물들어 빛이 없어도 빛나는 인상주의 나무

인상주의 나무 낭만주의 숲

갈색과 분홍의 나무를 본다. 온통 분홍빛의 꽃잎이면 나는 순간에 마음이 미어진다. 영상미가 예쁜 고전 영화의 한 장면을 그저 넋을 잃고 보는 것처럼 빛바랜 것들이 주는 아련함이나 애틋함 같은 마음으로, 조금 더 보려는 집요한 마음으로, 아름다움에 미어지고 만다.

찰나의 낭만.

봄에 맞이하는 갈색과 분홍의 나무를 그렇게 부른다. 눈을 깜빡이는 것도 아쉬울 만큼 하염없이 바라보고 싶은 색과 빛이 둥글게, 점점이, 지나간 해의 아쉬움이 새롭게 방울방울 모여 눈부시게 활짝.

그러다 바람이라도 불면 어느새 내 주위로, 발 아래로 내려앉는 분홍의 눈꽃들로, 나는 완전한 낭만을 본다.

또 한 번,

바람이 부니 계절이 떠난다.

조금은 조급하게 순간을 기억으로 잡아두고, 계절을 걸어간다.

나무를 주의 깊게 본다. 어떤 음악을 들을 때, 음악에서 바람이 불어올 때, 부는 음악에 나무가 흔들릴 때, 두 팔로 나무의 바람을 느낄 수 있을 때.

나무와 함께 오는 바람은 거대하게 모든 것을 집어삼킨다. 나는 흔들리는 나무를 보는 것이 좋다. 그 웅장한 모습에 나 따위의 걱정과 고민, 존재는 아무것도 아닌 것 같아 작은 것에도 일희일비하며 발버둥 치는 것이 하찮게 느껴진다. 나를 옥죄는 생각에서 잠시 벗어남을 느끼는 순간, 새로운 의지를 얻는다. 초록의 나무에게서 위로를 얻는다.

사실, 희미한 겨울과 초봄은 혹독했다. 안팎으로 더딘 성장에, 말라빠진 나무줄기가 빼곡히 얽히고설킨 것처럼, 손에 쥐면 금방이라도 부서질 것처럼, 내면에 따뜻한 빛이 없어 싸늘했다. 적당히 무심하고 무던한 모습으로. 동요에 휘둘리고 싶지 않은 최선의 방어책으로. 다만, 지독한 현실에 지쳐가는 것은 어쩔 수 없었다.

부는 바람이 따뜻해, 얼었던 고개를 든다. 주변의 풍경에 관심을 가지는 마음의 여유가 부러워진다. 겉돌던 빛을 들이고 싶은 생각이 든다. 그런 바람이 불어온다.

그래. 밤이 더 이상 고요하지 않고 고요 속에 살아나는 경쾌함이 묻어나는 계절이 돌아왔다.

모든 빛이 초록이다. 계절의 주기는 좀체 종잡을 수 없게 돼, 날이 따뜻하다고 느껴질 때면 이미 잎이 무성하다.

나는 나무의 안녕과 안부를 묻는다. 이파리가 돋아나는 계절에. 나무로 시작되는 여름이 좋아지려는 순간에. 보통의 어느 날에.

오후의 빛이 듬성듬성, 바람에 따라 방향을 달리하며 쏟아지는 빛의 여유로움과 막 도착한 계절의 설렘이 나른했다. 새로운 이야기를 생각하고 있었고 떠오르는 것은 막연하게 있었지만 어떻게 풀어야 할지 몰라 전전긍긍하고 있었고 창밖의 풍경은 어떤 의미도 없이 무미건조했다. 시간이 흘러도 매혹적인 이야기, 만들어내고 싶은 그 어떤 것, 뚜렷하지 않은 그것들 때문에 나는 괴로웠다. 전율 같은, 온몸을 감싸는 놀라움에 압도당하는 느낌을 고정된 것으로 나타내는 것이 가능한 일일까. 이미지로, 문장으로, 흐르는 것을 표현할 수 없는 것일까. 그런 생각에 몰두했다.

　　앉아 있는 창가의 자리는 지난해에도 앉았던 자리였고 해를 견뎌온 나무도 여전히 그 자리에 있었다. 비가 올 것을 예감하게 해 주었던 나뭇잎, 새벽바람에 세차게 흔들리던 웅장함을 아직 기억하는데, 나무는 이제 어떤 문장도 말해주지 않았다.

　　내려왔던 울림은 멎었다.
　　시는 이어지지 않고 움직인다.

그렇게, 한 시절이 지나갔다.

나는 지금, 한 줄기 빛이 닫힌 계절을 지나는 중이었다.

나에게는 색이 필요했다. 흐르는 것들이 스며들 때와 몸 안에서 퍼지는 순간의 감각과 좋아하는 음악의 좋아하는 부분을 들을 때 바람에 나무가 흔들리는 것과, 단어로는 나타낼 수 없는 느낌, 같은 것은 다양한 빛과 색을 필요로 했다. 내 것이라고 자신 있게 말할 수 있는 색이 완성되어 있지 않다는 사실은 나를 불완전하게 했다. 앞으로 나아가지 못하는 사람이라는 생각에 고립되게 만들었다. 발전하는 모습과 그 결과를 빨리 보여야 한다는 스스로 강박에 지쳐갔다. 색의 방향을 찾는 것은 쉽지 않았다.

흔들리는 잎을 고갯짓으로 훑어 내렸다. 창밖을 바라보는 눈빛에 여전히 성의는 없었다. 건너편 나무 끝에 빛이 걸렸다. 빛을 찬찬히 살펴본다. 아주 가늘고 촘촘한 나뭇잎이 흔들린다.

빛의 파편이 모였다 흩어졌다. 하늘로 번졌다. 다시, 나무 위로 내려앉았다. 가느다란 조각의 빛을 눈으로 본다. 노랗게 물들어 가는 나무를 본다. 실타래 같은 빛의 번짐에 그저 넋을 놓는다. 하늘과 나무의 경계가 눈부심으로 모호하다. 초록이 더 선명한 초록으로, 노랑이 더 빛나는 노랑으로, 가공되지 않은 본연의 소리가 청명하게 울리는 것 같은 풍경에 마음이 쏟아졌다. 상상으로 이루어진 그림 속의 한 장면 같은 풍경에 마음이 깨어났다.

순간이었다.

순간이 새롭게. 갑자기 인식되는. 어떠한 계시 같은.

다시 보았을 때, 눈앞에는 분간할 수 없을 정도로 여러 개의 색으로 이루어진 세밀한 터치의 나무가 흔들리고 있었다. 나무의 결은 붓으로 칠한 그림이었다. 그것은 인상주의였다.

인상주의. 모네의 나무.

색을 찾기 위해 수 없이 관찰하고 시도해 보았던 그림의 결을 실제로 보고 있다. 거칠고 가는 붓 자국과 정확한 경계와 형태를 알 수 없이 뭉

개지고 덧입혀지고 순색으로 이루어진 빛의 그림이 어째서 그렇게 그려졌던 것인지, 살아있는 그림을 보며 깨닫는 순간이었다. 금색으로 둘러싸인 인상주의 나무는 지난 시절과 다른 울림을 주는 것 같았다.

나는 떠오르는 생각을 단어로, 문장으로 급하게 적었다. 눈으로 보고 있는 것들은 무수한 인상주의 나무가 아닐까, 각각의 인상주의가 모여 커다란 낭만주의 숲을 이루는 것이 아닐까, 어쩌면 우리 주위의 풍경이 전부 인상주의로 이루어져 있는 것이 아닐까,

잊어버리기 전에 쉬지 않고 적어 내렸다.

고개를 들어 다시 한 번 나무를 쳐다보았다. 인상주의는 여전히 홀로 빛을 받아 바람에 흔들리고 있었다.

Gouache on paper, 2022

오후의 파랑

　... 오후의 파랑을 들어 본 적이 있나.
그렇게 물어서,
그게 무엇이냐고. 그러자, 남자가 말했다.
　그것은 오후 세 시의 하늘.
그리고 하늘이 들어 온 곳.

　여자는 모처럼 창밖의 하늘을 바라보았다. 창 한쪽을 막아버린 탓에 풍경에 무관심했다는 것을 그제야 깨달았다. 오후 두 시와 세 시 사이의 하늘. 블라인드와 불투명 발포지로 틀어막힌 창의 한 가운데, 두 뼘 정도의 높이로 겨우 하늘이 들어오고 있었다. 여자는 자리에서 일어나지 않는다. 대신 하던 일을 멈추고 계속 창밖의 하늘을 바라본다.

날이 밝다. 같은 시간의 하늘인데도 좀 더 밝고 따뜻하고 활기찬 기운이 느껴진다.

... 빛을 당기는 하늘.
그렇게 말했다. 하늘이 빛을 끌어들여 다른 계절의 하늘로 바뀐다고.

여자는, 계절의 변화는 하늘의 마음에 달린 것이라는 생각을 했다. 빛을 당기고 싶을 때 끌어당겨 지금의 봄을 빨리 오게 하는 것이 아닐까, 하는 뜬금없는 생각이 들었다.

하늘 탓이다. 하늘의 파랑 때문이다. 오후에 보게 된 봄 파랑 때문에. 몇 년째 같은 일상의 반복으로 정형화된 모든 날, 여자는 갑자기 평소와 다른 하루를 보내고 싶다는 생각이 들었다.

그리고 이제는 완전한 오후 세 시의 하늘. 온화한 하늘색이다.

모처럼 창을 연다. 꽃이 피었다. 어딘가의 길가에, 비어 있던 마른 가지에, 나무가 늘어선 가로수길을 따라서, 며칠 전까지 보이지 않던 꽃이 활짝 피었다.

블라인드를 조금 올리자, 하늘에서 쏟아지는 빛이 창밖에서 여자의 발 주위로, 방 안을 하늘빛으로, 여자에게 살아있는 봄의 새로운 장면을 각인하기 시작했다.

인상주의는 음악과 그림에 전부 존재하지 않았던가.

신예술 1

그래서, 그림에 낭만을 어떻게 넣는다고요?

오페라 핑크에 흰색을 조금 섞어보세요. 그리고 브라운을 섞은 올리브그린에 이렇게, 점을 찍듯이... 아니, 핑크가 원래 그린에서 나온 색인 것처럼 스며들 듯이, 꽃처럼 피어나듯이.

그게 낭만이에요. 핑크도 그린도 뗄 수 없는 하나의 것으로 아름다운 상태, 그것을 만들어보세요.

... 그래서, 그림에 인상을 어떻게 넣는다고요?

한 가지만 생각하는 거예요. 예술 작품, 감히 그 위에 존재하는 예술을 그리자.

신예술 2

낭만이라고 해서 비슷한 것은 아니에요.

마치 누군가가 듣고 있는 것처럼 스스로 묻고 답하는 행동을 반복한다. 어떠한 답을 찾을 수 있을 것 같은 기분이 든다. '그' 낭만은 이러했다. 얇고 섬세하게 세공된 유리잔이 힘을 주면 깨져 버릴까, 차마 손대기도 어려운 날카로움에 가득 담긴 물이 작은 반동에 흔들리는데 흘러넘칠까, 아슬아슬하게 흐르지 않고 멈추는 그 긴장된 순간이 주는 느낌.

'그' 낭만에는 그런 것들이 있었다. 화려하지만 연약함이 숨어 있는 낭만, 병적으로 예민해서 군더더기 없는 세련됨이 느껴지는 낭만이라는 말이 잘 어울렸다.

그래서 시인이라는 말이 붙었나 봐요,
여전히 누군가가 듣고 있는 것처럼 말한다.

참 낭만적이에요. 멋진 말이죠.

시인이라는 칭호는 쉽게 얻을 수 있는 것이 아니라는 생각을 한다. 그래서 '그' 낭만은 시가 되었다. 시적인 곡으로 연주되었다.
동시에, 누군가에게 부러움의 대상이 되었고 그 순간, 타고난 사람만이 가질 수 있고 알아볼 수 있는 성질의 것으로써 하나의 지표가 되었다.

그래서 생각하게 되었어요.

쇼팽 같은 글을 쓰자.
쇼팽 같은 글을 쓰고 싶다.

신예술 3

아니에요.
그런 날카로움도 좋지만 먼지 낀 공허함도 좋은 것 아니겠어요.

　단어 자체에서 색이 느껴지게 만드는 음악, 예를 들어 하얀색의 단어, 아니 무채색의 단어 같은 것들. 겨울과 눈의 음악이면서 동시에 회색의 떠다니는 먼지가 떠오르는 침묵을 위한 음악 말이에요.

　그건 심장에서 생명이 빠져나가는 느낌이라고 말한다.
　공허한데 점점 옥죄어오는 느낌이라고 말한다.
　어찌할 바를 몰라 떨리는 손은 갈 곳을 잃어 허공에서 배회한다. 처음부터 끝까지 하강하는 음악은 마지막에 또다시 먼지로 사라지는 공허함을, 적막을 안겨준다.

　저는 그것도 역시 표현하고 싶은 거예요.
지금까지 그것을 얘기하고 있었어요.

　한 단어.
　고요.
정적.

신예술 4

종이 위로 뜨거운 바람이 빛처럼 아롱거린다.

뜨거움을 눈으로 본 적이 있어? 빛의 강렬함을 이토록 가까이, 손안에 가져본 적이 있어?

바다 표면을 어지럽히며 유유히 떠다니는 빛의 조각을 종이에 사로잡아, 어디에도 갈 수 없도록 가둬 본 적이 있어?

어디에나 빛은 흐르고 있어.

예상하지 못한 어느 순간에 갑자기, 우리가 눈으로 볼 수 없는 성질의 따뜻함 혹은 차가운 촉감이 빛의 형상으로 종이 위에 그려지는 것을 알고 있어?

글을 쓰기 위해 작은 종이를 펼치고 연필 끝을 대고 있을 때, 그럴 때 말이야.

아마,

그게 내가 본 두 번째 인상주의가 아닐까, 생각해.

Scherzo No.1
스케르초 1번[*]

다가오는 소리를 느낀다. 멀리서 다가오는 배, 뒤에서 바람에 밀려온다.

그건 마치 손가락이 얇은 베일 위에서 천을 살짝 건드릴 때 느껴지는 촉감과 같은 포근함, 그건 손가락과 피아노 사이에 얇은 막이 있어서 조심스럽게 내려앉는 소리와 같은 고요함,

어느 순간의 낭만이었다.

※ Chopin : Scherzo No.1 in B minor, Op. 20

Gouache on paper, 2022

사실, 그날 연주되었던 곡은 쇼팽의 '혁명'이었다. 에튀드 10번 중 가장 좋아하는 마지막 열두 번째의 곡. 쉽게 연주되지 않는 그것이 귀에 들어왔을 때, 이야기는 시작되었다.

만남. 환상 즉흥곡 소년

그해 여름으로 넘어가는, 이제 막 더위가 시작하려는 유월의 끝자락이었다. 완전한 여름밤이라고 해도 이상하지 않은 그 밤에 익숙한 길을 걸어가고 있었다. 오피스텔과 빌라가 많아 대체로 어두운 골목길에 무슨 일인지 밝은 불빛이 보였다.

'A tempo'

필기체로 된 글자 옆에 작은 그랜드피아노 모형이 그려져 있는 간판은 이곳이 피아노를 위한 공간이라는 것을 말해 주었는데, 여자가 지나가는 날에 한 번도 문을 연 것을 본 적이 없었다. 그런데 오늘, 환기라도 시키는 건지 활짝 열린 문 안쪽 공간으로 사람의 기척이 들렸다.

따링-.

어렴풋한 피아노 소리가 들렸다. 손가락으로 건반 몇 개를 튕기는 소리였다. 발길을 붙잡았다. 하지만, 굳이 피아노 소리가 아니었더라도 누구든, 지나가다가 발걸음을 멈추고 그곳을 보았을 것이다. 골목 어귀, 3층짜리 건물의 1층에 통유리로 되어 있는 조금 특이한 그곳은, 'A tempo'라는 오래된 간판과 입구 앞에 놓인 나무 패널 외에는 글자로 된 정보가 조금도 없었다. 유리는 항상 커튼으로 가려져 있었고 외관으로 보이는 모든 것이 이 골목길과 어울리지 않는 분위기라는 느낌을 주었다.

따링-.

손으로 튕기는 희미한 피아노 소리. 그리고 한참 동안의 정적. 더 이상의 소리는 들리지 않았다. 여자는 조금 기다리다 아쉬운 마음으로 가던 길을 다시 걸어가기 시작했다.

... 피아노를 버리던지 팔던지. 글쎄. 이제 필요도 없고 둘 공간도 마땅치 않으니까.

피아노를 함께 배웠던 자매는 그만둔 지 십

년이 훌쩍 넘었음에도 태어나기 전부터 가지고 있던 업라이트 피아노를 아꼈다. 그런데 얼마 전, 여자의 언니가 피아노를 처분하려고 한다는 말을 너무나 무덤덤하게 전했던 것이었다. 세월을 견뎌 날카로울 정도로, 현실적으로 되어 버린 마음 때문이었다. 애정은 버티지 못하고 죽어버렸다. 그것을 닮은 목소리로 말했다. 냉정하고 차가웠다. 여자의 지난 모든 날의 추억과 미련과 꿈이 담겨 있는 물건이 오래되어 썩어 문드러진 나무 짐짝처럼 되어버린 순간이었다.

여자의 요즘은 이랬다. 이상과 꿈을 좇는 것이 너무 익숙해져 버린 탓이었다. 현실에 녹아버린 이상이라는 무형의 연기 속에서 매일 반복되는 특별한 것 없는 행위를 하는 것, 딱 그런 느낌으로 살고 있었다. 피아노가 없어져도 아무렇지 않을 것 같은 생각이 들 정도로 일상의 행위 이외에는 무감각했다.

그날은 오전부터 비가 내렸다. 쏟아졌다 멈추기를 반복하며 끈질기게 내리는 빗줄기에 때 이른 장마가 아닐까 하는 생각이 들 정도였다.

평소보다 더 어두운 골목길을 잔뜩 움츠린 채로 걸어가던 여자는 이번에도, 희미하게 새어 나오는 불빛을 보았다. 통유리를 덮은 회색의 커튼이 반쯤 걷혀 있었다. 의자 몇 개와 커다란 그랜드 피아노 한 대가 덩그러니 놓인 특이한 공간과 피아노 앞에 앉아 있는 남자의 모습을 본다면, 누구라도 멈춰 섰을 것이다.

따링-.

비 오는 밤, 피아노 소리가 묵직하게 진동했다. 다시 건반을 몇 개 누르는 소리가 들린다. 아마 연주하기 전에 손을 풀고 있는 모양이었다. 적당히 내리는 빗줄기에 우산 위를 튕기는 빗소리, 아무도 없는 골목길, 비를 타고 흘러가는 피아노 진동 소리, 그리고 피아노 앞에 앉은 남자. 기이하고 좀처럼 볼 수 없는 광경이었다.

하얀색의 정장 셔츠를 입은 남자는 얼핏 보기에 30대 초, 중반으로 보였다. 피아노 치는 남자, 라고 생각하면 떠오르는 전형적인 예민하고 날카로워 보이는 인상이다. 긴 소매를 무심하게 접어 팔꿈치까지 올린 모습이, 그냥 취미로 연주를 하는 사람처럼 보이지는 않았다.

누군가가 생각났다.

... 여자는, 과거에 월광을 연주하던 남자를 떠올렸다. 커튼 사이로 들어오는 달빛이 전부였던 어둠 안에서 검은 실루엣으로 빛나며 시작되었던 소나타를 떠올렸다. 차가운 달빛에 사랑을 시작했다. 창백한 달에 심장의 온기를 던졌다.

둥-.

순간, 현실의 남자가 연주를 시작했다. 시간이 꽤 흐른 건지, 여자가 생각을 오래 한 것인지도 몰랐다. 솔#과 도#의 옥타브로 강렬하게 시작하는 것은 월광과도 닮아 있었다. 월광과 비슷하지만 서늘한 소름 대신 찢어지는 예민함이 먼저 느껴지는 곡은, 쇼팽이었다.

첫 음을 듣자마자 알 수 있었다. 연이어 휘몰아치는 폭풍 같은 음의 선율이 펼쳐질 것이었다. 세상의 모든 비극을 모아 놓은 것 같은 병적인 날카로움이 마음에 들었던 곡은 사실은 사랑을 말하는 곡이었다.

환상 즉흥곡

Fantaisie-impromptu

in C-Sharp Minor

격렬하고 화려하지만 어딘가 참담하다. 그러면서도 너무 아름다워 비극적인 요소도 우아하게 느껴지는 매력은 마음을 속수무책으로 만든다.

C# 마이너의 환상과 쇼팽의 사랑이 비 내리는 밤거리에 울렸다. 특별하지 않은 골목길, 일반적인 피아노 학원을 지나가다 듣기에 쉽지 않은 곡, 하필이면 여자가 아끼는. 기묘하면서도 연주되는 곡의 제목 그대로, 순간은 환상이었다.

비를 피해 'A tempo'의 차양 밑으로 몸을 숨겼다. 조금 더 듣고 싶은 마음이었다. 흙과 먼지가 섞인 비 냄새가 여자의 움직임을 따라 훅, 밀려왔다. 빗소리에 왼손 오른손 음표의 어긋남과 잔물결 같은 멜로디가 섞인다. 아무래도 사랑이 가져오는 모든 환상을 노래한 것이 맞나 보다. 주위 상황에 무관심하던 여자는 쇼팽의 여름을 맞닥뜨리며 그간 꺾여 있었던 의지라는 것을 다시 생각하게 되었다. 기대가 없던 잔잔한 하루에 물결이 일었다.

다시 C# 마이너의 격동적이고 빠른 연주. 악

센트의 차이로 옥타브를 넘나드는 마법을 듣는 순간은 마음이 위로받는다. 어떤 아름다움은 비극에서 온다. 표현할 길이 없어 마음이 쓰리다.

그리고 아롱지는 물방울로 사라지는 소리, 물 위를 흩어지는 반짝이는 빛의 방울을 들으며 여자의 시선은 비 내리는 어두운 골목길로 돌아온다.

연주가 끝났다. 남자는 모습 그대로 가만히, 움직이지 않았다. 이제는 선명하게 들리는 빗소리와 고요해진 거리, 좀 전보다 더 어두워진 것 같은 어둠, 조르주 상드와 쇼팽의 사랑, 그리고 여자의 지나간...

... 조르주 상드..

여자는 그 이름을 속으로 되뇐다.

무료하고 뻔한 일상에 작은 변화를 주자. 나쁘지 않은 생각이었다. 그제야 나무 패널에 작은 글씨로 레슨 시간과 요일을 적어 놓은 것이 보였다.

'A tempo'

개인레슨 토요일

Jazz / Classic

여자의 양 볼이 붉어졌다. 크게 숨을 내쉬었다. 커튼 사이로 안을 한 번, 남자는 일어서서 무언가를 정리하는 듯 보였다. 여자는 마음을 먹은 듯, 힘차게 'A tempo'의 문을 열었다.

그 밤의 환상을 적습니다

일찍이 쇼팽의 계절이 있었다.

봄이 되었다가 가을이 되기도 하는, 현실에 존재하지 않는 하늘빛과 보랏빛 나무의 계절을 보았다.

그리고 온통 밤의 푸름으로 가득했던 하늘을 보았고,

그 아래, 노란 달빛이 침몰하는 붉은 장미밭을 보았다.

사람의 흔적이 닿을 수 없는 가시넝쿨로 된 장미밭 너머로 하늘과 경계가 없는 검은 호수를 보았고, 그늘 속에 핀 붉은 장미는 강렬한 사랑이었다.

그것은 존재하지 않았던 쇼팽의 여름이 되었다.

바다 섞인 장미의 오묘한 향기에 숨 막힐 것 같은 미지의 여름.

그 밤의 환상 두 번째

아망딘 오로르 뤼실 뒤팽
Amandine Aurore Lucile Dupin

이름을 가만히 불러보다 상상합니다.

그녀가 되는 상상, 그녀가 살던 시대를 둘러보는 상상, 알고 지내는 모든 문인과 예술가들을 만나보는 상상, 그런 것을요.

그녀가 주변 친구와 지인, 가족에게 보낸 편지를 읽어 봅니다. 수신인 중에는 눈에 띄는 이름이 있습니다. 어쩌면, 이 이름을 발견하기 위해 편지를 엿본 것일지도 모르겠지요.

이름은 생경하게 다가왔습니다. 흔히 볼 수 있는 곳에서 익숙한 '그' 역할로 불리지 않았거든요. 그녀는 그를 친근하고 사적이고 한 사람의 인간, 개인으로 부르고 있었습니다.

저는 그 둘의 사이를 동경하고 있었습니다.

어쩌면 비슷할지도 모르는 인물을 꿈꾼 적이 있었거든요. 절대적인 환상과 약간의 사심으로 포장된, 영원히 늙지 않는 연주를 들려주는 이가 있었습니다. 누구도 대체할 수 없다고 믿었던 검은색 머리카락의 헤비스모커.

그와 함께 저에게 쇼팽의 계절이 시작되었습니다. 과거의, 어느 날의, 지나가 버린 일이 되었지만요.

저는 계절 안에서 그녀를 발견했습니다.

그녀는 진취적이고 사랑에 대범했으며 자유로웠습니다. 혹자는 그녀를 비난했으며 혹자는 신비롭고 정열적인 매력으로 보았지요. 이러나저러나 그녀가 시대의 예술임은 분명했습니다.

입안에 맴도는 낯선 단어가 주는 생경한 느낌에 끌려, 중성적이고 발음하기 쉽기도 어렵기도 한 그녀의 이름이 마음에 들었습니다.

저는 그녀처럼 작가로, 음악가의 연인으로, 예술가로, 시대의 화두로 살고 싶었고 그 가운데에서 가장 원하는 모습은 작가와 음악가의 연인, 그것이었습니다.

... 어쩌면 예술의 중심에 있고 싶은 것일지도 모르겠습니다. 그녀의 이름을 불러 봅니다.

조르주 상드.
쇼팽의 연인.
조르주 상드.
쇼팽, 조르주 상드.

여자는 하나의 단어처럼 자연스럽게 이어지는 그 이름들을 천천히 부르며 알려지지 않은 두 사람의 이야기를, 쇼팽의 계절을, 조르주 상드라는 사람을, 보라색의 환상을,

그리고, 어느 날의 헤비스모커와 자신의 모습을 떠올린다. 헛된 꿈을 꾸었던, 어리숙하지만 열정적이었던 그 시절의 모습을.

그 후에 한 번도 피아노 소리를 듣지 못했다. 어쩌면, 정말로 운명 같은 우연이 아니었을까 하는 생각을 한다. 비 내리는 밤, 오직 단 하루.

그 순간이.

어느 날의 일기

연금술로 만들어진, 생명체도 시체도 그 무엇도 아닌, 그저 살아있는 것이 있었어. 그는 자신의 죽은 심장에 작은 열매의 씨앗을 심었지. 그러자 심장이 생명을 가진 듯 두근거리기 시작하고 감정이라는 것이 조금씩 생겨난 거야.

... 이런 이야기를 들어본 적 있니. 씨앗은 여자의 아주 소중한 보물이었어. 산 것도 죽은 것도 아닌 그저 형체인 그는 씨앗을 자기 심장에 심으며 하나의 존재로서 여자의 소중한 것이 되고 싶었다는 이야기야.

내 마음에도 자꾸만 싹이 자란다. 물을 주는 것도 햇빛이 비치는 것도 아닌데 자꾸만 싹을 틔워. 마음을 죽이는 일, 그것이 이리도 힘들고 어렵다는 걸 알면서도 매번 반복한다.

죽이는 것.

하지만 결국 소용없는 것.

Blue in green
베이비 블루의 여름

적요한 인디고.

하강하는 새벽의 색은 죽어간다.

여름의 새벽은 파랗게 질려 굳어버린 동상 같은 차가움을 가지고 있고.

재잘거리는 옐로우 그린이 빛을 잃어가는 것을 봐.

다가오는 공포를 느낀다면,

그것이 아무도 보지 않는 여름의 이면.

신이여, 라고 시작하는 기도 같은 혼잣말을 했다.

어째서, 어떤 주기를 가진 것처럼 인생에 한 번씩 시련을 주는 것입니까. 마치, 돌을 던지면 물에 새겨지는 굴곡처럼 인생의 높낮이에 휩쓸리지 않는 초연함을 배우는 것이 이제는 너무 지긋지긋합니다. 그것을 견디는 내 모습을 또 보아야 하겠습니까.

대답 없는 신에게 푸념 같은 기도를 보낸다. 그런 내 모습이 참으로 우습지.

누군가에게 기도할 때 그것이 또 다른 저주가 될 수 있다는 말을 들어 보았니. 요행을 바라는 기도는 나의 무엇을 잃는 대신 이루어진다고 한다. 내 능력 이상의 것을 얻고자 하는 기도는 누군가의 정당한 기회를 빼앗는 것이라고.

그래서, 신이여 나는 더 이상 믿지 않습니다. 이런 문장을 여름에 생각한 걸까.

손바닥을 펼쳐 내리쬐는 태양과, 빛이 소생시킨 눈부신 여름의 푸름을 가린다. 그리고 손바닥을 다시 치우면 어느새 빛이 거두어간 여름의 생명이 마지막으로 내뱉는 숨결에 오싹해지고.

여름의 그늘이 뿜어내는 차가움을 뭐라고 표현하면 좋을까. 뼛속까지 말라 버릴 것 같은 자정의 파리함을. 태양이 저물면서 모든 따뜻함을 거둬들이는 것일까. 어떻게 생각해.

 하지만 그런 이중적인 여름이 나는 아름다웠다.

더위가 달라붙는 것이 너무 버거워 옆에 머무는 사람과도 이별을 많이 하는 것이 아닐까. 여름의 숙명 같지 않니. 나는 땀에 젖은 너의 살과 나의 살이 맞닿는 순간이 너무 좋았는데.

 온 세상이 핏기를 잃어가는 동안에도 행해진 은밀하고 비밀스러운 열기, 식어가는 침대 위에 나란히 누운 우리가 했던 대화는 무엇이더라.

 ... 준세이라는 이름을 좋아한다고 했다. 아오이가 자연스럽게 떠오르는 이름이지. 아오이는 파랑...

 여름엔 파랑을 평생토록 가슴에 묻어둔다.

그런 사람들이 있다. 나도 그중에 한 사람이 될 것 같다고, 그 말은 속으로 삼켰다. 우리도 십 년 뒤에 만날 날짜와 장소를 정해 놓을까.

신이여 더는 믿음이 없습니다. 이다음에 했던 말이 뭐였었지. 생명의 강에 잠기고 있다는 말이었을까. 행복을 말하면서 동시에 불행을 말한다. 이대로 깊이 가라앉고 싶다. 생명의 강을 독약처럼 들이키면 너와 함께하는 이 여름에 박제될 수 있을까.

멀리, 푸른 생명의 대지 위로 솟아오르는 태양이 보인다. 눈을 뜬 여름이 원래의 색을 찾아간다.

블루 발렌타인의 시

한 달에 딱 한 번 들을 수 있는 나지막한 목소리에 대해. 역시 어디서도 쉽게 듣지 못하는 나긋하고 투명한 그 목소리에 대해.

그리고,

공기에 둘러싸여 조용히 흐르는 그 말들에 대해.

1.

그는 참으로 나긋하다. 태도가, 말투가.

그는 내가 아는 사람 중에서 가장 말을 예쁘게 하는 사람이다. 그러니까, 지금까지 알았던 모든 이를 통틀어서 가장, 뇌리에 맴도는 사람이다.

차분하다고 하기엔 다정함이 묻어있고 예의 바르다는 것으로 정의하기엔,

어쩌면 나른하기까지 한, 낮은 어조와 말투 사이에 섞이는 호흡을 표현할 수 없어 아쉽다.

그 침착함. 마음이 간질간질해지고야 마는 나긋한 운율.

대화를 나누는 그 어떤 순간에도 시선을 피하지 않고 오롯이 두 눈을 쳐다보는 건, 둘 사이의 간격을 움켜쥐는 것. 흔들림 없는 눈빛은 시간을 잡아당겨 느리게, 더디게, 그 어색한 흐름에 얼굴이 달아오르게 했다.

... 그때부터였다.

얼굴을 떠올리면 목소리가 따라와 귓가에 어떤

문장이, 나직한 숨소리가 같은 높이로 호흡하게 만들고, 다정한 어투로 메아리치기 시작한 것이.

　내뱉는 언어의 단어 하나하나에 호흡이 섞여 얇은 공기가 말하는 것 같은 너의 그 목소리와 어조, 아마 앞으로도 없을 유일한 너의 그, 쾌활하지 않음을.

　... 그래서, 목소리 다음은?

2.
　비참한 것 중에서 가장 황홀하고 아름다운 것이 뭔지 아니.

나는 원하지 않는데 날아온 큐피드의 화살이 심장 앞에서 멈춰서 자꾸만 간을 보며 억지로 현혹한다. 사랑에 사람에 눈빛에 행동에 혼자 상처받는 것을 즐기게 되며 그 모습이 아름답게 느껴지는 불행의 속임수... 그런 아픔이 너무 행복한 것... 그럼 비참하지만 또 황홀하지.

또 그런 상황에 놓이게 되면 어떻게 할 거냐고?

... 나는 필사적으로 도망칠 것이다. 폐허에 홀로 남겨져 희망을 품다가 꺾이다가 결국, 나를 죽이는 감정을 사랑하게 될 것을 알기 때문이다.

... 그렇다. 나직한 숨소리. 포근하고 나른한 울림이 가득한 목소리.

3.

그래서, 성공하셨나요?

실패했습니다. 저는 계속 나긋한 다정함과 그의 입에서 쏟아져 나온 문장에서 허덕이고 있거든요. 나긋하고 나긋하고 나긋하다고 아무리 반복해도 표현이 아쉬운 그 아름다움 속에서 당분간 머물 것 같습니다.

나른한 공기의 소리가 메아리치는 폐허 속에서요.

여름 장미는 힘이 없다

 장미는 낮은 키로, 누군가 흩뿌려 놓은 것처럼 듬성듬성 피었다. 이제 장미의 계절이구나, 생각했다. 뜬금없이 사방이 붉게 물들었다. 그러면서 장미가 원래 4, 5월에도 활짝 피는 것인지 의아했다.

 사진을 찍고 싶었는데 그러지 못했다며 아쉬워했다. 장미 넝쿨이 아니라 이렇게 길가에 피어 있는 들장미는 뭔가 특별하다고. '들장미'라는 단어는 어릴 때 연주했던 피아노 음악으로 처음 각인되어 있다고. 빛바래 누레진 기억의 한 조각, 아련한 어린 시절의 색채가 떠오른다고 했다. 그 음악의 선율을 떠올려 보려 했지만 기억나지 않았다. 너는 슈베르트라며 웃었다.

너는 결국 알 수 없을 거야. 네가 지나갈 때마다 미풍이 분다. 시원하고 옅은 그 향수 냄새. 네가 말한 들장미의 옅은 향기 같기도 한 여름의 냄새가 내 앞에 뜸 들이다 훅, 들이닥친다. 쉽게 흔들리지 않으려 온몸으로 버텨낸다. 밀려오는 여름에 들장미를 한 움큼 집어삼켰다.

　나는 '세레나데'라고 말했다. 내가 아는 슈베르트는 세레나데라고. 여름날의 빗방울이 피아노 건반을 내리치며 소리를 내는 음악이라고 했다. … 하지만 거기엔 장미가 없잖아, 온통 녹색으로 둘러싸인 그 음악은 여름의 가장 한가운데에서, 비를 머금은 흙이 짙은 갈색의 숨을 토해낼 때 어울리는 음악이야, 그러면 나는 들장미를 다시 흩뿌려 놓고.

　비가 오면 초록이 더 선명해진다.
　선명함은 다음의 계절을 불러온다.

길가에 피었던 장미가 온전한 여름의 태양을 견디지 못하고 떨어졌다.
옅은 장미는 초봄의 꽃일까, 붉은색의 진한 장

미는 여름의 꽃일까. 태양의 열기를 견디지 못해 빨갛게 익어버린 것일까.

어떤 꽃잎이 지는 계절이 시작되면 마침내 세레나데가 들려온다. 들장미가 낙화한다.

다가왔다가 한순간 멀어지는. 낙화하는 모습이 꼭 너를 닮았다. 내리는 비의 무게를 견디지 못하고 파르르 떨다가 이내 떨어지고 마는 짧은 인연이 참으로 가엽다고 생각했다. 떨어진 꽃잎을 그러모아 한 움큼 집어삼켰다.

아무도 말해 주지 않은 것

황량하게 밀려오는 뜨거운 바람에,
나는 사막의 바람을 맞으며 밤을 걸었다.
건조한 공기에 열기가 뒤엉키다가 바스러지는 소리를 들었다.

뒤를 쫓는 발소리는 처량했다.
모래바람이 뿌옇게 일며 메아리처럼 사방을 울리다가 온몸을 먼지로 뒤덮고 사라졌다.
케케묵은 냄새가 붙어 몇 년은 흐른 것 같았다.

대신 함께 떠밀려가도록 바람에 마음을

내주었다.

    혼자 앞서가는 마음은 어떤 것도 따라가지 못해서,

    밉다, 밉다, 하면서

그래도 좋다고.

    마음을 그 어두운 사막의 밤 가운데에 맡기면서부터 끝도 없이 솟아오르려는 열기를 억누르게 되었다고.

    내딛는 발걸음에 모래가 바스락거리며 토막 난 비명을 지른다.

    마음을 여기에 두자. 묻자. 그리고 여기서 춤을 추자.

    홀가분하게.

**파도가 내려오는
검은 장막 가운데에서**

 나는 신을 믿지 않습니다. 대신 하늘에 떠 있는 별을 믿기로 했어요.

 한결같이 창백한 달을 믿기로 했습니다.

 밤보다 어두운 단어로 글을 쓰자, 생각했습니다. 어떤 침묵을 견뎌야, 어떤 사유를 거쳐야 어둠보다 더 어두운 글을 쓸 수 있을까, 밤에만 보이는 환상을 그러모으자, 생각했습니다. 내 근처에 머무르지만 방관하고 있던 죽음이 나를 쳐다보며 구체적으로 다가오는 일이 눈을 뜨는 밤의 환상, 어두운 환상 말입니다.

죽음이 지나갑니다. 저는 알지 못하지요. 뒤늦게 들을 뿐입니다. 그러면 밀려오는 죄책감. 무심함에 대한 죄책감입니다. 누군가와의 어린 시절의 추억이 괴로움에 채찍을 휘둘러 질주하게 만드는 것입니다.

밤에는 파도가 천천히 떨어집니다. 마치 안개가 퍼지는 것처럼, 얇은 천에 떨어진 물방울이 어느새 커다란 원을 그리며 번져있는 것처럼, 서서히 더디지만 확실하게요. 검은 파도가 두꺼운 장막처럼 흔들리며 그 파동으로 하늘 전체가 주름졌다 펴지는 아래에서 몸을 웅크립니다. 정박자로 뛰고 있는 맥박을 선명하게 느낍니다. 내 심장이 파도의 서늘한 온도와 맞닿으면 심연에 닿는 글을 쓸 수 있는 걸까요.

검은 장막 사이로 보이는 창백한 납빛의 달.

수묵화의 잘 그려진 농담(濃淡)을 보는 것 같은 밤입니다. 어떤 음악과 형상은 마음을 무너지게 합니다. 무너진 마음이 다다른 곳에는 어떤 단어가 존재할까요. 그것이 알고 싶어 쏟아지는 파도에 심장을 올려서 떨어트려 보기도 하고 꽉

쥐어짜기도 합니다. 심장 한가운데를 관통하는 글, 그런 것을 동경하는 까닭은 신을 믿지 않는 이유 때문일까요.

    아침이 오는 것이 싫어서 밤을 지새웁니다. 잠을 자고 눈을 뜨면 날이 밝아진 것이 두려워 잠에 들지 않습니다. 무엇을 해야 한다는 강박에 시달리지 않아도 되는 시간, 정체되어 있어도 안심할 수 있는 시간, 밤에 머물러 있습니다. 달이 옅어졌을까요.

    아직은 차갑기만 한 공기의 밤입니다.

Blind
블라인드

색이라고는 햇빛을 흡수하는 붉은색의 커튼만 존재하는 풍경에서.

마치 피를 적셔 올린 듯 채도 낮은 검붉은 와인색의 커튼 위로 누군가의 손이 나타나는 풍경으로 이어지고.

설원의 적막과 침묵하는 입을 그대로 옮겨 놓은 것 같은 하얀 피부의 얼굴과 흰 눈썹이 보이고.

마치 눈을 뒤집어쓴 것처럼 색이 없다.

그래서, 소년의 눈과 심장에 박힌 조각은 어떻게 되었나요,

그 질문에 나는 이야기를 사랑하게 되었고.

영원을 형체로 만들면 영원을 손아귀에 넣을 수 있는 걸까요,

영원히 존재할 수 있는 걸까요,

그 질문에 나는 거울을 깨트려 '영원'이라는 단어를 만들었고.

얼어버린 심장은 녹아버렸다. 눈에 박힌 거울 조각은 눈물과 함께 흘러버렸는데.

오히려 눈으로 보지 않겠다며 거울 조각으로 두 눈을 찔러버린 그 사람은 어떻게 된 것입니까.

마음으로 볼 때 더 잘 느낄 수 있다며 스스로 조각을 박아버린 그 사람은

마침내 영원을 가지게 된 것일까요.

온 세상이 죽은 눈으로 말이 없다. 하얗고 하얀 설원에 보이는 유일한 색은 오로지 붉은색.

두 눈을 감싼 붕대 위로 번지는 검붉은 핏빛의 붉은색.

여름에 태어나는 파랑

　너는 그런 장면에 온다.

눈을 감으면 선명하게 보이는 여름의 순간에.

가령, 초록의 잎에 노란빛이 둥글게 쏟아지는 환한 정오의 시간이라든지

빛이 끝나는 곳에서 시작되는 나무의 정원에 둥근 복숭아가 새빨갛게 익어가는 소리가 사각거리는 순간 같은.

나는 너의 색을 가지고 싶은데 그 미묘함을 잡아낼 수 없어서 너를 반복하고 섞고 지운다. 은은하고 평온한 너의 초록은 내가 손을 대면 모나고 자신을 순식간에 드러내 버려서 너는 여름의 절대적 이미지가 되었다. 여름의 싱그럽고 신비스러운 푸름을 대표하는 고유명사 같은.

내 사랑은 저주받았어, 물에 잠겨 죽어가고 있거든, 그렇게 표현하는 독특한 너의 방식에 마음을 빼앗겼다. 네 마음의 강이 바닥까지 말라버렸다는 그 순간에 내가 보았던 색을 너는 알까.

태양이 저문 여름은 너의 뒷모습과 등 뒤에 비친 그림자와 그 위를 아른거리는 갈 곳 잃은 나의 그림자로 겹친 막막한 파랑의 시간. 빛을 잠재운 초록 위를 한 가닥의 자비도 없이 덧입혀 침착하고 고요한 색의 여름을 보여준다. 나는 너의 등 뒤로 뻗은 손을 다시 거두고.

너는 악보를 펼쳤지.
바흐를 좋아하니, 나에게 물었다. 견고한 화성

으로 짜인 탄탄한 건축물의 구조를 들여다보는 기쁨을 너도 알고 있다는 것에 다시 바흐를 신뢰하게 되고.

신기하지. 네가 좋다고 하면 나도 그것이 좋아진다. 더 좋아 보인다. 너와 나의 닮음에 진저리나면서도 그런 모습에 안심한다.

태양이 눈부시다. 사람에게 밝고 어둠의 양면이 존재하는 것처럼 여름에도 이면이 있다. 예쁜 필터를 씌운 것 같이 비현실적으로 아름다운 초록과 그 밝음으로 더 잔인하고 서늘하게 보이는 푸름이 존재한다. 나는 너의 여름으로 그것을 알게 되었다.

눈을 감아도 선명하게 보인다.

여름, 그 더위의 시간.

초록, 다시 태어나는 파랑.

나는, 영혼도 긴 수명도 필요 없으니 가져가시오.

대신, 나에게 단 하나 줄 것이 있소.

그것은, 예술에 대한 압도적인 재능.

다정함을 믿지 않는다.

다정함이라는 단어 뒤에 숨어 있는 거짓을 생각해본다.

La Belle Personne

어떤 섬세함 1

 나는 그의 목선을 본다. 햇볕에 그을려 까맣다. 그의 옆얼굴을, 날카로운 턱선을, 살짝 내리깐 눈에서 코로, 그리고 미세하게 벌어진 입술을 본다. 남자치고는 입술이 도톰하다. 물을 마시려고 고개를 뒤로 젖힌 까닭에 뒤 머리카락이 옷깃에 닿았다. 어두운 셔츠가 잘 어울린다고 생각한다. 컵을 내려다보는 시선에 그의 속눈썹이 평소보다 길어 보인다. 어쩌면, 내가 몰랐던 것일 수도 있다. 가까이에 있었지만 자세히 보는 것은 처음이었으니. 가지런한 속눈썹은 마치 빗으로 빗어 놓은 것처럼 촘촘하다. 까만 눈썹은 밤의 어둠을 모아 놓은 착각이 들어 쉽게 시선을 돌릴 수 없다.

　반쯤 내려간 눈꺼풀 아래로 길게 뻗은 속눈썹이 섬세한 그의 인상을 청초하게도, 처연하게도 그려내고 있다. 우수가 서린 모습, 이라는 문장이 떠오르지만 섬세한 남자의 선에 그마저도 아름다워 보인다. 행동은 조용하고 군더더기 없고 느긋하다. 나른한 여유가 느껴지기도 한다.

　... 그는, 지나치게 섬세하다. 나는 숨죽인다. 모든 밤이, 두 발자국 정도 떨어진 그와 나 사이 존재하는 모든 것들이 함께 숨죽인다. 정교하게 세공된 섬세함에 차갑게 굳어버릴 것 같다. 내 눈에 담긴 그를 알아챌까, 그를 쳐다보는 것이 수줍다. 몸을 잘게 떤다. 붉게 달아오른 더운 공기가 내 얼굴에 머무른다. ...숨이 막힌다. 침을 삼키고, 괜스레 헛기침 한다. 그가 나를 본다. 눈동자가 유난히 까맣고 물기가 어려 보는 사람의 마음을 일렁이게 만들지만, 그 눈빛에 익숙해지면 세상에 등진 것처럼 비어 있다는 것을 알 수 있다.

　......

　뭐라고 말을 하지만 나는 부끄러움에 알아들을 수 없다. 당황한 내 모습에 그가 살짝 웃는다. 웃는 입꼬리에 그의 눈이 반달처럼 감긴다.

흐트러진 순간. 내 마음은 남자의 미소에 나락으로 떨어진다. 정지되어 있던 공기가 짧게 전율한다. 토해 내는 숨에, 숨긴 마음과 눈빛이 섞여 아슬아슬하게 흐르기 시작한다.

어떤 섬세함 2

　물을 마신다. 옆에 서 있는 여자 때문에 목이 탄다. 서두르면 떨리는 마음이 밖으로 나와 버릴까, 행동이 느려진다. 시선에 따라 의도하고 있는 것인지도 몰랐다. 고개를 젖힐 때, 컵을 손에 쥘 때, 하나하나에 달라붙는 눈빛이 숨을 쉰다. 투명한 유리잔에 여러 갈래 진 시선이 비친다. 컵 안에 흔들리는 물의 경계로 몰래 그녀를 본다.

　... 물 마시는 시늉을 한다. 몇 모금. 최대한 오래, 그리고 천천히 유리컵 너머로 그녀를 살핀다.

　남자는 얼마 전부터 미묘하게 달라진 그녀가 신경 쓰인다. 스칠 때, 이야기를 할 때, 장난스럽게 때리며 웃을 때, 몸이 닿았다 떨어지는 모든 순간을 기억한다. 전해지는 뜨거움에 떠오르는 기대를 생각한다.

그리고, 지금도 살포시 닿아 있는 손끝에 모이는 설렘에 미소 짓는다. 까무잡잡한 피부 덕분에 얼굴이 붉어진 것이 눈에 띄지 않을 것이다. 다만 더워진 공기를 눈치챌까 창문을 부러 연다.

어떤 섬세함 3

그에게 무섭다고 말한다. 오늘 밤이, 집으로 걸어가는 좁은 골목길이, 무섭다고 한다. 알지 않느냐고. 그는 눈썹을 살짝 찡그리며 아무 말이 없다. 나는 다시 한번 무섭다고 말하고 그를 쳐다본다. 그는 나의 의도를 파악했을 것이다. 나의 허술하기 짝이 없는 거짓말을.

공기가 어색하다. 나는 던졌고 그는 받을 것인지 피할 것인지 결정해야 한다.

어떤 섬세함 4

그 밤의 소음은 멀리 떨어져 있었다. 우리의 움직임 외에는. 세상이 입을 닫고 눈을 감고 침묵했다.

일어나지 못하게 누르는 손가락에 못 이기는 척, 다시 누워 그를 본다. 지나간 밤, 내 입술을 뭉개던 손. 윗입술을 사정없이 쓸어 만지던 열기로 가득한 느낌이 다시 살아난다. 뒤척이는 척 내 몸 위로 툭, 그의 왼팔이 떨어졌다. 놀랄 새도 없이 볼을 감싸는 투박한 손바닥은 망설임과 열기로 가득했다. 천천히 내 볼을 매만지며 반응을 살폈던 너. 단순한 애정일까, 호기심일까, 헷갈리는 손길에 자꾸 내 뜻대로 상상하며 속으로 기대했던 나. 계속해 주기를 바라고 바랐던 것을 너는 알까. 그리고 급하게 손가락으로 입술을 훔치고 휙, 자제하려는 듯 등을 돌렸을 때,

... 왜, 라는 아쉬움으로 몸서리를 쳤던 내가. 그제야 몰래 실눈을 뜨고 뒷모습을 보았던 것을 너는 모르겠지.

...

침묵하는 모든 것들. 공기조차 숨 쉬지 못할 정도의 어둠 속에서 가만히 나를 내려다보는 그의 실루엣을 담는다. 눈을 깜빡, 두어 번 정도 눈을 떴다 감았다. 나를 누르는 손가락을 피해 몸을 움직이려는 찰나, 조급하게 내 얼굴 위에 겹친 그의 얼굴에, 입술에, 몸을 떨었다.

내 양쪽 어깨를 부드럽게 감싸며 누르는 행동에 이제는 망설임이 없다. 갑자기 맨살에 닿는 차가운 공기에 몸을 움츠린다.

구겨진 천이 이리저리 어질러진다. 바스락거리는 소리. 조금씩 번지는 소음. 목선을 따라 내려가며 자잘 자잘, 살갗에 느껴지는 입술마저 섬세해 그의 목덜미에 손을 둘러 숨을 끌어당긴다. 오고 가는 숨소리. 그사이에 채워지는 습기 찬 공기가 붙었다 떨어졌다, 온몸을 휘감는다.

창으로 들어오는 새벽의 빛, 푸른 새벽이 걸린 남자의 헝클어진 머리카락, 그 사이를 가만히 헤집는 내 손가락. 미끄러지듯 빠져나가는 느낌이 좋아 그의 머리카락을 애달프게 쓰다듬는다.

어떤 섬세함 5

웃었다. 아무 말 없이.

여자의 실 없는 농담에 남자는 아무 말 없이 웃었다. 차분하고 나른하기도 한 미소가 좋아 이렇게 몰래 꺼내 보려고 여자는 스스로 굴레에 갇혔다.

그는 침대에 걸터앉았고, 하던 일을 멈추고 여자가 검은색 스타킹을 올리는 것을 가만히 바라보았다.

검은색 스타킹을 따라 움직이던 시선을 기억한다. 살짝 올라간 치마를 가다듬는 것도 가만히 지켜보다, 도대체 언제까지 볼 건지 민망해지는 내 시선과 마주쳤다.

그렇게, 빤히.

좁은 원룸이 더 좁게 느껴져 여자는 보지 말라고 민망한 웃음으로 말했고 남자 역시 어쩔 수 없는 일이라며 수줍은 듯 말했다. 여자는 그의 말에 얼굴이 붉어졌고 왠지 모르게 기분이 좋았다.

고개를 돌리는 대신 뻔뻔스러울 정도로 당연하게 행동하는 너의 모습에 웃었다.

남자는 침대에 엎드려 누군가와 간간이 메시지를 주고받았는데 그럴 때마다 어색한 침묵이 둘 사이를 멀게 만들었다.

여자는 옷매무새를 정리하며 남자와 연락하고 있을 그의 여자 친구를 생각했다. 남자보다 어리고 여자보다 훨씬 어린, 순진함이 아직 남아있을 그녀를 생각했다.

아무것도 모를 그녀를.

블루와의 인터뷰

여자는, 목소리가 야하다는 말을 들은 적이 있다고 했다. 그녀는 어떤 목소리를 말하는지 정확하게 알고 있었다. 여자가 듣기에도 그 목소리는 욕망을 자극하는 무언가가 있었다. 숨소리가 들리는 가느다란 호흡 같은 외마디의 비명.

문장을 말할 때는 통명하고 반듯한 목소리가 그와 함께 누워있는 침대 위에선 달라졌다. 두 명이 활동해도 여유가 있는 방, 틀어 놓은 것이 항상 무의미해지는 TV, 계절과 상관없이 항상 도톰했던 이불, 참 많은 환상을 들어주었던 그 공간이 생각난다고 말한다. 불을 끄면 완전한 어둠에 적응하기 시간이 걸렸던 방.

사실, 그 목소리는 의도였어요.

남자의 반응을 보며 좀 더 자신이 원하는 반응을 얻어내기 위해 꾸며내고 연기를 보탠 것이라 했다. 분위기를 극적으로 만들기 위한 중요한 무기라고. 아니, 그보다 여자 본인이 그 목소리를 좋아한다고 했다. 내 것 같지 않은 내 목소리. 그 간드러진 목소리를 듣기 위해 남자와 함께 있는 시간을 기다렸다고. 잠시 생각에 잠기더니, 눈썹을 살짝 찡그린다.

   어쩌면, 본능에 가까운 소리일지도 모르겠다고 말한다. 손 끝에 의해 만들어지는 단말마의 비명이라고.

   그를 떠올리는 표정이다. 서로의 환상을 채워 주기 위해 모든 것에 거리낌 없었던 유일한 사람. 원하는 것을 솔직하게 요구하던 그가 가끔 떠오르네요. 그리고 다시 말이 없다. 생각에 잠긴다. 목소리가 야하다는 말을 하는 남자의 목소리와 여자의 과장 섞인 행동, 한 쪽에서 울리는 TV 소리, 점점 들리지 않는 화면 속 목소리, 올라가는 체온....

   그리고 덧붙였다.

   '그 말을 했던 이는 이 글을 보지 못 할 것이다. 영원히. 그리고 다른 누군가가 자신의 이야기라고 착각할 것이다. 지금까지 그래왔던 것처럼.'

고전-낭만적 초상

유명해지고 싶다. 누구보다 더. 모두 내 발 아래에 두고 싶다. 이런 빌어먹을 생각 때문에 안 되는 것일까.

감히 불리고 싶은 수식어가 있었다. 엄두조차 내지 못한 그 수식어에 이제는 욕심을 내도 될 것 같다고 생각했다. 그 순간부터 그는 지독한 사람이 되었다.

닮고 싶었다. 그를 너무나 닮고 싶었다. 그게 전부였다.

모든 것은 애매함 때문이었다. 크게 잘 된 것도, 안 된 것도 아닌, 잘 된 것 같지만 뜯어보면 처음과 달라진 것이 없는 그런 애매함이 망쳐 놓았다. 눈치를 보기 시작했고 본래의 절박함이 퇴색되었다. 무엇보다, 변화의 압박을 받았다. 누구도 시키지 않았지만 스스로, 자신을 괴롭혔다.

그렇다. 그 '변화'라는 것이 문제였다. 지금의 애매함을 벗어나게 해 줄 해결책이라고 생각되었다. 기존의 것과 다른 다양함을 보여줄 때라고 생각했다. 그건 나에게 두 가지 갈림길이었다. 지금처럼 비슷한 그림을 그릴 것인지, 아니면 변화를 주어 조금 더 넓은 세상을 향해 도전할 것인지.

나는 29살에 요절한 그를 절대 버리지 못할 것이다.

나의 인물 드로잉은 조금 독특해서, 연필이 주는 농도의 분위기를 잘 표현해야 한다. 우울하기도, 퇴폐적이기도 한 인물에 색을 입히고 싶었다.

연필의 표현법을 그대로 색으로 옮기고 싶다는 생각, 그것을 고민했다. 드로잉과 색의 경계가 합쳐진 그림. 독특하고 누구도 따라 할 수 없는 그런, 그 어려운 것을. 지금도 풀지 못했고 어떻게 해서든 깨부수고 말겠다는 의지를 불어넣는 견고한 벽. 하지만 그것을 해낸 누군가.

그가 색으로 표현한 인물은 나를 영원히 따라다닐 것이다.

선이 특이하다. 마치, 하나의 선에서 먹이 번지듯이 흘러나오는 것 같다. 어떤 재료를 사용한 것인지 자세히 보아도 알 수 없다. 다만 하나의 선인데도 여러 개를 합친 것처럼 진하고, 필선이 강하다. 곡선인 듯 직선인 듯 아슬아슬한 경계를 오가는 선이다.

간단하게 보이지만 알고 보면 디테일이 엄청나게 많아 감탄이 나오지 않을 수 없다. 자잘하게 손이 많이 가는 그림이다. 이 사람은 정말 대단한 사람이다. 천재라는 말이 괜히 붙은 것이 아니다.

보고 있지만 보는 것이 아닌 그림, 알 것 같

지만 끝내 알지 못할 그림. 그의 그림은 아무리 해도 흉내 낼 수 없다.

그의 그림을 그토록 자세하게, 오랜 시간을 들여 관찰하고 분석했던 적이 있었던가. 몇 달을 매일, 하루 종일, 그의 그림만 보고 생각했다. 나는 미쳐버린 것일까? 너무 무모한 방법일까?

불리고 싶은 수식어가 생겼다. 감히. 엄두조차 내지 못한 그 수식어에 이제는 욕심을 내도 될 것 같다고 생각했다. 그 순간부터 그는 지독한 사람이 되었다.

... 한국의 에곤 실레.

사람들이 내 그림을 보고 그를 떠올렸으면 좋겠다고 희망했다. 한국의 에곤 실레라는 타이틀을 가지고 싶다, 는 열망이 생겼다. 누군가에게 그런 수식어를 붙여야 한다면 당연히 내가 되고 말겠다는 욕심이 생겼다.

그런 열망에 불타오르기 시작했다.

닮고 싶었다.

그를 너무나 닮고 싶었다. 그게 전부였다.

드로잉을 색으로 완벽하게 재현해 내자. 그러기 위해서 그의 표현 방법을 내 것으로 만들자.

　... 이제는,

　가능하지 않을까.

그의 표현법을 나타내려고 하니 색이 없어졌다. 제한된 재료와 스타일로 굳어졌다. 나의 색을 조금 넣어보자 하면 그는 지워졌다. 나는 그의 그림처럼 보이고 싶었다. 그럼 또다시 한정된 그림이 되어버리는 것이다. 나는 그로 인해 비참했고 좌절했고 날마다 괴로워했다. 과거의 사람에게 단 한 번도 이기지 못하는, 결과가 정해져 있는 이 무의미한 싸움을 반복했다.

...

그 시간은 도대체 뭐였을까. 나를 거쳐 간 모든 경험은 그 나름대로 의미를 가지고 인생에 허투루 들어온 것은 아닐 것이라는 믿음이, 하지만 아무리 생각해도 지난 몇 개월은 내다 버린 시간이었다. 완벽하게 실패하기 위해 버려진 시간.

금이 간 균열을 메우는 것은 체념이다.

바라는 마음은 외면을 받는다. 모든 것을 기대하지 않을 때, 무엇이 찾아온다.

마음을 접으니 넓은 세상이 들어왔다. 기회였을까. 또 이렇게 고이 접어 내다 버린 마음을 다시 주워서 건네주면 나는 어떻게 하라고.

그 그림은 기회가 되어도 절대 팔지 않을 것이라고 생각했다.

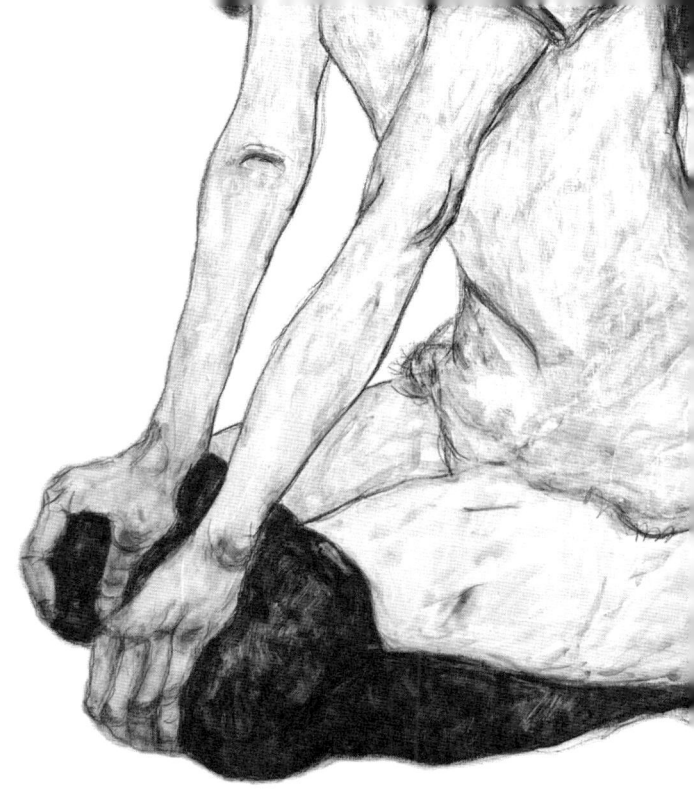

마지막 장

이것이 지금이다. 글을 쓰고 있는 현재의, 이 시간.

외면을 받고, 모든 것을 때려치우려고 했던 그날부터 3년 정도의 시간이 흐른 지금.

잘 그려 놓은 캔버스의 인물을 보니 마음이 답답하다. 예쁘장한 인물을 예쁘게 그려 놓은 여러 개의 작품. 이것이 과연 의미가 있을까.

... 역시 나는 죽어도 의미 타령이겠지.

예쁘게 그리고 싶지 않다. 현대 미술의 주류 시장에서 선호하는, 그들이 좋아할 그림을 그리고 싶지 않다. 나는 뭐가 문제인 걸까? 왜 나의 그림을 좋아하지 못하는 걸까? 왜 자꾸, 왜 자꾸만 만족하지 못하는 걸까?

이 모든 것이 유명하지 않기 때문인 걸까?

이 글은 끝을 맺지 못한다. 끝맺음 없이 끝을 낼 것이다. 이렇게.

언젠가, 나의 그림을 완성할 수 있을 때, 모든 의미가 담겨 있을 때, 그때 이 글도 자연스레 그려질 것이다. 의심하지 않고, 방황하지 않고, 누구를 좇지 않을 때. 그때.

Cruel summer
잔혹 여름

여름은 그런 계절이라고 한다. 더위에 지친 뇌를 크게 부풀려 착각과 망상 속에서 허우적거리게 만드는 계절이라고.

여자의 이마에 땀이 맺혔다. 축축하고 불쾌한 기분에 깊은 잠에 빠질 수 없다. 뒤척이다 눈을 뜨고 이미 꺼져버린 선풍기를 다시 켠다. 시간을 확인하다 문득, 달이 바뀐 것을 깨닫는다. 숫자로 보았을 때 여름이 끝나고 가을의 시작을 알리는 달의 첫째 날.

여자는 천장을 보며 새벽에 있었던 대화를

떠올렸다. 길게 이어졌던, 밤과 새벽을 지배하는 대화, 밤에 비로소 설렘을 피워내는 것에 대한 이야기들.

누구에게나 보여주는 미소, 친절, 그리고 순간순간 스치는 손길, 그런 것에 속아 기대하게 되고 마음을 쓰는 일이 잦은 이 여름의 이야기를 나누었다.

누구에게나 보여 주기에는 그 행동이 조금 지나친 것 같아 다른 의도가 있는 것은 아닐지 궁금하다는 요즘의 근황에 대한 이야기를 나누었다.

애매한 것에 마음이 흔들리지 않는다. 겹겹의 상처와 경험으로 단단해졌다. 지나온 시간으로 눈치 빠르게 판단하는 것을 깨우쳤다.

하지만, 경계를 넘어볼까,

진짜 속마음이 무엇인지 알아볼까,

이 더운 여름에 즐거운 일 하나 정도는 만들어도 되지 않을까.

여자는 알게 모르게 외로운 거라고, 그래서 누군가의 손길이 좋은 거라는 어제의 말을 떠올렸다. 나는 외로운 것일까, 혼자서도 이렇게나 잘 지내고 있는데. 그 말에 얼굴이 붉어졌던 이유는 사실을 들켰기 때문일까.

 손등에 닿았던 그 사람의 손은 생각보다 크고 투박했다. 가지런히 자른 둥근 손톱은 어울리지 않게 귀엽게 보였다. 그 사람의 손 아래에 잡혀서 긴장으로 굳은 손을 빤히 보기가 민망해 눈길을 주지 않았다. 대신, 느껴지는 맞닿은 손의 뜨거움, 겹쳐 있는 팔에서 전해지는 온기에 어쩔 줄 몰랐다.

 여자는 이불을 끌어당기며 몸을 뒤척였다. 땀에 젖어 등에서 떨어지지 않는 옷을 손으로 잡아당겼다.

 이런 자잘한 상황들이 여자를, 여자의 하루를, 여자의 머릿속을 혼란스럽게 만들었다. 불쾌하지는 않지만 달갑지도 않은, 부러진 손톱처럼 이러지도 저러지도 당장 해결하지도 못하고 날카로운 요철을 하루 종일 달고 있는 기분이었다.

여자는 자신의 허리에 손을 가져다 쓸어내렸다. 전보다 살이 빠졌나, 그간 쏟은 노력이 헛되지 않아 다행이었다. 다시 한번, 확인하듯 정성스럽게 허리에서 골반, 엉덩이로 이어지는 몸의 굴곡을 만져보았다. 불필요한 살이 튀어나오지 않아 나쁘지 않은 곡선의 몸에 그제야 안도감을 느꼈다.

... 그 사람의 손이 이 어디쯤, 그리고 가만히 잡아당겨 둘 사이가 밀착되기 직전에, 서로의 다리가 먼저 닿아 온 신경이 곤두섰을 때, 허리를 잡은 손이 어떻게 할 것인지 머뭇거려 더 이상의 간격이 좁혀지지 않았을 때, 여자가 느꼈던 감정은.

그 시선이, 머뭇거리는 행동이, 그 모든 것을 모른 척 지켜보는 지금의 상황이 여자를 마음에 들어 하는 그 사람의 속마음을 눈치채 버린 까닭이었다.

어느 순간 자신을 지켜보는 눈빛이 묘하게 달라진 것을 알아채 버린 까닭이었다.

선을 넘어 버렸으면 좋겠다. 이대로.

앞으로 흘러갈 상황들이 생각한 것과 같다면 어떻게 될 것인지 궁금했다. 둘의 관계가. 서로 원하는 목적이 같고 분명하면 무더운 날씨에 또 다른 열기가 더해져 붉게 타오르는 여름이 될지 누가 알겠는가. 서로의 체온으로 각인될 여름의 밤이 하나 더 기록으로 남는 것도 즐거운 일이었다.

시간을 확인했다. 새벽 공기는 지나치게 더웠다. 반대편으로 돌아누웠다. 더위로 잠들지 못하고 뒤척일 때면 항상 그 사람이 어떤 방식으로 자신을 대했는지가 떠오르는 것이었다.
여자의 뒤에 서 있을 때 미세하게 가까이 다가와 어느 순간 몸의 체온이 느껴질 때, 의식하지 않으려 모른 척 딴청 피웠다. 누구 하나 닿은 몸을 떼지 않고 그대로 가만히.

싫지 않다는 것이 여자의 문제였다.
잡히고 싶다. 그렇다.
여자는 잡히고 싶었다. 다양한 방법으로. 방식으로. 더 가까워지도록.

꼭 맞잡은 손은 단단했다. 안정감이 느껴져 어쩐지 슬퍼졌다. 이 아늑함에 익숙해지고 싶은 생각이 들어 퍼뜩 정신을 차렸다. 계속 잡고 싶은 욕심이 생길까 봐 마음에 무표정을 덮어씌웠다. 하지만 한 번씩 닿는 손길에 속절없이 무너지고 흔들렸다.

... 여자는 고개를 저었다. 이 선을 넘으면 그때는 감정을 주워 담을 수 없게 될 것이다. 지금 이 경계를 넘을 수 없었다.

발을 담그고 저질러 버리기엔 너무 더운 날씨다. 날이 지나치게 덥기 때문이다.

달이 바뀌었으니 모든 감정을 여름에 두고 오자. 계절을 닮은 열병은 여기에 던지고 벗어나자. 여름이 완전히 지나가면 모든 것은 처음으로 돌아가 있을 것이다.

여자는 발밑으로 뭉개 놓은 이불을 끌어당겨 머리끝까지, 그 안으로 숨어 버렸다. 다시 떠오르는 생각을 떨쳐버리려는 듯이.

버려라.
거긴 너의 인생이 아니다.
　　너의 예술을 해라.
이제 상관 말고 너의 길을 가라.

어떤 차분함은 누군가를 초라하게 만든다. 너의 그 차분하고 고요한 행동은 나를 초라하게 만들었다.

..

 눈이 멀 것 같은 강렬함에 똑바로 바라보지 못해, 눈을 가늘게 뜨고 한 번,

 온 힘을 다해 그것을 보았을 때 두 동강 나 있는 둥근 태양.

 산산조각이 난 달이 떠오르는 붉은 태양.

불면의 밤/ 밤의 예민함

 벽을 타고 기어오르는 소리가 있다. 자정이 넘은 늦은 밤부터 시작해 새벽을 가로질러 스멀스멀 오르고 또 오른다. 그리고 곧장 창을 넘어 그 위에 위치한 층의 창문 틈 사이로 허락 없이 들어간다.

 소리는 무례하고 배려가 없다. 대화하는 소리, 웃는 소리, 아주 가끔은 우는 소리로 형태가 다양하다. 대체로 기어오르는 소리는 여자의 것이지만 간혹 남자의 것도 섞여 있다.

 그리고 아주 드물게, 하지만 주기적으로, 얼굴을 화끈거리게 만들 때도 있다.

은밀하고 누구에게도 들키고 싶지 않은 그런 것. 한때 나와 누군가가 떠오르는 그런.

　벽을 타고 온 소리는 쉽게 방향을 바꾸지 않는다. 어제, 오늘, 그리고 아마 내일도 소리는 찾아올 것이다.

　밤의 적막, 밤의 고요가 무슨 말인가. 어느 순간부터 밤은 소리로부터 자유롭지 않다. 열두 시가 넘은 시간, 누군가 웃으며 지나간다. 건너편 횡단보도로 향하는 발소리, 멀어지는 웃음. 누군가 창문을 닫는 소리, 어쩌면 화가 나 있는 것인지 창을 세게 닫는 진동이 여기까지 느껴진다.

　놀란 어깨가 들썩인다. 다시 웃는 말소리. 저들은 무엇이 저리도 즐거울까. 저렇게나 할 말이 많은 것일까. 해맑은 저들의 소리에 문득, 나는 너무 고독에 머물러 있는 것일까, 생각해 본다. 나는 저렇게 눈치 없는 웃음을 낼 수 없을 것이다. 생각에, 간신히 멀어지던 의식이 다시 또렷해진다.

　소리는 밤이 되면 비로소 자유로워진다. 어디든 어디까지든 도달한다. 형태 없이 은밀하게.

은근하게. 예민해진 귀는 작은 자극에도 쉽게 놀란다. 모든 소리를 주워 담는다.

반복되는 밤의 예민함. 어제와 그제와 더 오래된 지나온 오늘들, 그리고 지금. 귀는 기억하고 모래가 퇴적되듯 차곡차곡 쌓인 예민함은 쉽게 공포에 질린다.

불면의 밤이다.

Muse I

 그래. 지금 듣고 있는 목소리. 음색이 좋다, 라는 간단한 말로 표현할 수 없는, 어떤 단어로 나타내기 어려운 무엇을 가지고 있었다. 그럼에도 어떻게든 말로 전달하고 싶은.

 누구에게도 말할 수 없는, 들키고 싶지 않은 환상이라든지 판타지를 자꾸만 들추는 목소리였다. 1차원적인 욕망을 자극하는 목소리였다. 아마, 여자의 세계를 토대부터 만들어준 목소리라는 표현이 맞을 것이었다. 정말 미치도록 좋은 목소리였다. 사람의 이성을 마비시키는.

 그래. 잘생긴 외형이 있는 목소리였다.

아주 사악하고 비밀스럽게,

간지럽히듯 귓속말로 속삭인다.

... 다가와

... 내게로.

Muse II

시선

사각. 사각.

방 안에는 여자가 그림을 그리는 소리와 두 사람의 숨소리만 들리고 있었다. 지독히도 숨 막히는 정적만이 두 사람 사이를 메우고 있다. 지독한 정적. 너무나 조용해 숨소리마저도 조심스러울 지경이었다.

여자는 지금 굉장히 난처한 상황이었다. 예상과 다른 전개였다. 남자의 초상화를 꼭 완성하겠다는 생각이 가득해서 이렇게 조용히, 긴 시간을, 그의 시선을 받으며 그려야 한다는 것은 미처 예상하지 못했다.

... 아마도 밖이 어두워졌기 때문이리라.

남자는 밤에 깨어나는 꽃처럼 어두울 때 정신이 맑아지는 것 같았다. 투명해 보이기만 하는 호박색 눈동자에 달의 그림자가 어른거리기 시작할 때, 항상 푸른 장미 향기를 맡을 수 있었다.

집중할 수가 없다. 온몸에 시선이 박히는 것 같다. 조그마한 움직임도 놓치지 않겠다는 듯, 남자의 눈동자가 같이 움직였다.

... 무슨 생각을 하는 것일까.
잘 빚은 조각상처럼 한 치의 오차도 느껴지지 않는 모습은 역시 완벽한 아름다움이었다.
... 이런 순간에도,
감탄하는 스스로에 실망하면서도.
... 저 호박색 눈 안에는 뭐가 들어있는지.

밀폐된 공간 안, 강렬한 두 호박색 눈동자에 여자의 모든 것이 벗겨지고 있었다. 시선이 옮겨갈 때마다 온몸에 열이 오른다. 여자의 손이 약하게 떨리기 시작했다.

.... 위험하다.

저 시선이.

이전에 남자를 그렸을 때는 그가 정신을 잃었을 때다. 그가 여자를 보고 있지 않았기 때문에 순조롭게 그림을 그릴 수 있었다. 여자는 이 사실을 간과하고 있었다.

... 그리고 이미 깨달았을 때는 너무 늦어버리고 말았다.

종이 위에 아무렇게나 그어버리고 싶은 마음이 치솟는다. 압박감이 여자를 짓누르기 시작한다.

그렇게 얼마나 흘렀을까,

....

조용한 공간을 깨부수는 향기에 여자가 고개를 들었다.

긴 정적을 깨고 남자가 일어났다. 여전히 시선을 고정한 채, 여자에게로 다가오고 있었다.

이번에는 나무 화판에 새하얀 종이를 고정하는 것이 아닌 캔버스를 이젤 위에 올렸다. 고흐는 소묘와 유화 사이에서 끊임없이 고민하고 갈등했다. 아를(Arles)에서 화폭과 물감이 바닥났을 땐, 갈대 펜을 사용하기도 했다.

여자는 처음부터 연필의 치밀하도록 섬세하고, 또 반대로 러프하기도 한, 그 다양한 느낌을 좋아했다. 그녀가 잘하는 것이기도 했다. 그럼에도 여자는 유화와 캔버스 위에 그리는 색에 대해 고민해야 할 무조건적인 이유가 있었다.

그녀의 시선이, 벽을 향하게 뒤 돌려놓은 자신의 꽃 그림으로 향했다.

푸른 장미 향기

여자는 예전에 특이한 꽃잎을 가진 커다란 꽃 그림을 본 적이 있다. 단 한 번. 희미하게 기억되지만 처음 보았을 때의 강렬함이 인상에 남아 세월이 흘러도, 꽃 그림에 대한 환상과 자신도 그런 강렬한 상상의 꽃을 재현해 보고 싶다는 열망이 있던 것이다. 태워버릴 듯이 타오르는 붉은 계열의 꽃을.

여자는 드럼통 화로에 놓인, 아니 버려진 캔버스를 보고 있다. 실패한 환상을 눈에 담으려는 듯이 오래도록. 쪼그려 앉아 캔버스에 그려진 그림을 가만히 바라보던 여자가 미련을 버린 듯 무심하게 일어났다. 그리고 툭, 그림 위로 불을 던졌다. 작은 불꽃이 번지는 것을 보는 여자는 담담했다.

파아란, 파랗고 파란 꽃에 불이 번져갔다.

붉게 물든다.

마음이. 주위가. 그림이. 환상이. 아련한 그 붉은 빛은 어느새 핏빛처럼 진한 형상이 되어 그 크기를 키워갔다.

 꽃이 물든다.

푸른색의 꽃은 어느새 핏빛의 붉은 꽃이 되어 자기 몸을 강렬하고 고통스럽게 피워내고 있었다. 꽃을 삼켜버린 불이 잔불길을 공중에 흩뿌렸다. 그것은 마치 꽃잎의 모양처럼 보이기도 했다. 꽃잎 한 장, 한 장, 공중으로 날린다.

 참으로 아이러니했다. 처음부터 여자의 머릿속에 오래도록 간직하고 있었던 꽃의 이미지는 붉은빛의 강렬한 색이었다. 불분명한 그것을 도중에 푸른색으로 바꾸었지만, 결국에 마지막은 원래의 생각대로 되어 버렸다. 두 개의 이미지가 창조되었다. 비록, 실패한 환상일지라도. 그리고 모두 사라졌다.

 ....

 어른거리다가 피어오르는 잿더미 연기가 바람에 걷힌다.

 그리고 그 사이를 메운 것은,

... 역시 저 향기 때문이야.

꽃 그림이 푸른색으로 변해버린 까닭이. 여자는 입술을 깨물었다. 심장이 두근거렸다. 향기가 불어올 때마다 항상, 기대하게 만드는 무엇 때문에 마음이 설렜다.

푸른 장미 향기는 조금 특이했다. 숨 멎을 것 같이 달콤하고 매력적인 향의 최면에 걸리려는 순간, 향기는 순식간에 시원함과 청량함으로 바뀌어 버렸다. 지금 밀려오는 향과 똑같이. 그리고 끝은 항상, 남자였다.

... 이 장미 향기 때문에 꽃 그림에 자꾸 욕심이 나.

실제의 꽃봉오리가 만개하는 것처럼 신비로움과 감탄을 안겨주는 그것은, 존재하지 않는 특이하고 독창적인, 환상의 꽃잎이어야 한다. 심장을 얼어붙게 만들지만 너무나 매혹적이라 기꺼이 거기에 응하게 되는, 시리도록 눈부신 파란 꽃 그림. 바닥에 떨어진 물감의 흔적마저 푸른색 꽃잎이 흩날린 것처럼 생각될 정도로 꽃은 빛나는 생명력을 가지고 있을 것이다.

남자의 초상화가 완벽한 아름다움에 대한

동경과 도전이었다면, 꽃 그림은 그와 별개로 환상을 실재하는 것으로 만들고 싶은 욕심이었다.

 ... 그런 꽃을 그리고 싶다.

지금 주변을 맴도는 신비로운 장미 향. 보이지 않는 장미에 잠식될 것 같았다. 그리고 순식간에, 눈앞에서 자신을 내려다보는 호박색 눈동자.

 꽃의 실체는 사라졌지만, 또 다른 형태로 모습을 바꾸어 남자의 푸른 장미 향기로 저를 드러내는 것 같았다.

 ...

여자는 마른침을 삼켰다.

 그리고 둘 사이에서 흔들리는 푸른 장미 향기.

 다시.

 새롭게 그려질 환상.

Cherish me, Baby

    사랑은, 이 사랑은 완벽할 거예요

    Largo Adagio

    조급해 말아요 느린 템포로

    우리 사랑은, 이 사랑은 짜릿할 거예요[*]

나는 이 노래에서 광기를 본다. 어떤 지향점을 향해 미친 주문을 거는 사람의 행복한 광기. 혼자 확신에 찬 미소를 띤 광기. 그래서 더 좋은 거다.

---

[*] 아이유 '입술 사이(50cm)' 가사 중 일부분

마음이 자꾸 향한다. 눈에 보이지 않으면 보고 싶어진다. 보고 있으면 만지고 싶고, 안고 싶어진다. 온전히 내 것으로 소유하고 싶어진다.

손의 악력, 굵은 마디에서 오는 희열에 부러 힘이 없는 척, 연기하는 내가 이상할까.

어깨에서 시작된 손길이 점점 파고든다. 목에서 시작해 조금씩 아래로, 아래로. 행여나 들킬까, 몰래 죄를 짓는 사람처럼. 처음은 처음이 아니어도 쑥스러운 척.

아찔함에 짧은 떨림이 인다. 그의 머리카락을 헤집은 내 손에 힘이 들어간다. 검푸른 머리카락이 엉망으로 흐트러진다. 이내, 가다듬은 손가락으로 짧은 머리카락을 부드럽게 쓰다듬는다. 그 느낌에 묘한 쾌감이 몸을 훑는다. 딱, 얼굴 크기 하나만큼 내 아래에 있는 머리를 착하게 어루만지는 손끝은 마치 상대가 내 뜻대로 조련되는 것 같아 한없이 부드럽다.

... 달아나려고 하지마..
모든 것을 가져버릴 기세로.

... 더 이상 도망갈 곳이 없으니까 말이야..
귓볼에 닿는 숨이 강하게 얽혀든다.

열기가 입술 사이로 새어 나오는 소리를 삼켜버린다. 생각은 불필요한 참견이다. 바르게만 살아온 지난날을 진창에 던져 짓이겨 버리겠다는 욕망으로. 마음 가는 대로. 온몸이 전율하는 그 순간엔, 이미 늦었다. 경련처럼 잘게 떨리는 그림자. 잠깐의 정적과 함께 사그라지는 뒤엉킨 실루엣. 꺼지는 몸짓.

마음이 점점 더 원하게 된다. 이 상태로 영원히...

'...! 영원히라니...'

굳게 다문 입술 끝이 약하게 떨린다. 영원히 함께 있고 싶은 마음이 들었다. ... 이런 생각을 하게 될 줄이야... 좋지 않은 징조다. 나의 마음을 알고 있는지, 순간 허연 구름이 보름달이 채 되기 전의 구겨진 달을 완전히 가렸다. 더 이상 그것에 대해선 생각하지 않으려 애써 외면해 버린다.

여자는 자신의 향기를 나누어 가진 존재가 있다는 것이, 자신의 향기가 그에게 물들어 버렸다는 사실에 기분이 좋다. 이대로 시간이 흐르지 않았으면 좋겠다는 생각. 그리고, 남자를 소유했지만 완전하게 자신의 것으로 소유하지 못한다는 불안함이 섞인, 갖고 싶다는 갈망. 그것이 점점 더 깊어진다.

여자는 남자의 몸에 배어버린 자신의 향기를 맡으며, 그의 손을 잡아당겨 입에 가져다 대었다. 눈을 감은 채, 손바닥에 코와 입술을 묻고 가만히, 체온과 향기를 들이마신다.

자신과 비슷한 그것을.

..

 계절이 지나가는 움직임은 어느 날 갑자기 깨닫게 된 색으로, 달라진 바람으로 비로소 볼 수 있다. 계절이 바뀌고 있다. 달라지는 절기로 색이 뒤바뀐다. 여자가 보았던 인상주의 나무는 아직도 처음 발견했을 때처럼 푸르게, 꽉 찬 밀도로 그 자리에 서 있었다. 지금의 계절 안을 공존하는, 또 다른 계절 안에 머무르고 있는 것처럼 보였다.

 나무의 그림자 크기만 한 작은 공간에, 다른 계절이 흐른다.

 그리고 하늘을 올려다보았을 때, 여전히 너는 밤하늘의 별이었다.

빛이 없는 인상주의

1.

비의 흐림을 잔뜩 머금은 초록을 표현할 수 없다. 그런 색을 나는 만들 수 없다. 누구라도, 축축하고 우울한 사람의 기분 같은 나무의 색을 표현하지 못할 것이다. 가라앉아 무섭도록 선명하고, 분명한 형태로 다가오는 먹색의 나무.

바람에 채도가 다른 여러 개의 색이 흔들리다 잠잠해진다. 다시 부는 바람에 넓은 이파리가 요동치듯 펄럭인다. 그 아래 서 있는 내가 새삼 작은 존재라는 것을 느낀다. 광대한 자연 앞에 한낱 미물이라는 것을 깨닫는다. 대단한 존재인 양 살아가지만 인간은 아무런 힘이 없구나. 나이를 먹을수록 자연의 무서움이 와 닿는다.

겹겹의 잎으로 싸여 종내 까만 어둠처럼 속내를 알 수 없는 커다란 나무들. 내 손바닥보다 몇 배는 더 큰 이파리들. 나는 그것을 보며 알 수 없는 공포와 스산함을 느낀다.

2.

자신의 의지와 상관없이 어떤 이유에서 잘린 나무를 본다. 잔해들은 사용을 다 한 물건처럼 길모퉁이에 사정없이 버려졌다. 꽤 많은 양의 나뭇가지를 잘라낸 듯 수북하다.

... 무덤.

나무의 무덤을 본다. 잘리고 부러진 서로 다른 종류의 가지와 찢어진 이파리로 이루어진 유기물들. 혹은 나무의 사체를.

죽은 나무는 음산하다. 생기를 잃은 어두운 초록의 마지막 발악 같은 밝음과 어둠이 공존하는 무덤을 보고 있으면, 마치 불가사의한 일이 벌어질 것을 암시하는 듯한 기분이 든다.

발걸음을 멈추고 계속 바라본다.

버려진 나무로 만들어진 세계.

부러진 나뭇가지로 세상을 만들어 볼까. 부러지고 꺾여진 것들로 만들어진 세상을. 누구든 눈으로 볼 수 있지만 진짜 알맹이를 알아볼 수 있는 눈은 얼마 되지 않는, 그런 세상을 말이야.

폐허에서 가루를 그러모아 다시 살아나기를 바라며 성을 만든다는 어느 책의 한 구절이 떠오른다. 무(無)에서 다시 시작하는 처절함, 잔인함, 빌어먹을 희망 따위를 폐허의 잿더미에 담는 누군가의 무모함이 좋았다.

소용없어 보이는 것에서 뭔가를 발견하고 창조해 내는 독특한 시선이, 마음에 들었다.

그런 시선으로,

나무의 빛과 사라짐으로 죽음과 탄생의 무수한 반복을 본다.

어느 블루의 고백

그는 내가 지금까지 만나 본 사람 중에서 가장 예술가 같은 사람이었다. 성향도 성격도 행동도 모두, 이전에 주변에서 본 적 없는 특별한 사람이었다. 그리고 시대를 앞서갔다. 유행을 먼저 알아차리는 감각이 타고난 것 같았다.

앤디 워홀, 이것이 내가 느낀 그의 첫인상이었다. 검은색 뿔테 안경과 앤디 워홀처럼 사방으로 뻗쳐 있는 머리카락, 베이지색 긴 트렌치코트를 입은 모습은 그대로 충격적이라 지금까지 뇌리에 남아있다.

'... 굉장히 특이한 사람이다.' 반갑다고 인사하는 목소리에는 의도적인 어눌함이 섞여 있는 것 같기도 해서, 여러모로 기억에 남는 인상이었다.

그다음 날, 말끔히 머리를 자르고 얇은 끈으로 된 보타이를 맨 자유로운 정장의 모습으로 나타났을 때는 어제와 같은 사람이 맞는지 알아보지 못할 정도였다. 머리를 자르니 살짝 웨이브가 져 나른하게 곱슬거렸다. 왠지 일본의 고즈넉한 툇마루에 앉아 마당의 식물을 내다보는 사람의 이미지가 떠올랐다. 자유로운 영혼의. 이러나저러나 그는 자신의 색이 분명한 사람이었다.

좋은 쪽으로.

....

나는 그의 행동을 지켜본다. 그는 사람을 질리게도, 혹은 경외심을 가지게 만들기도 했다.

그가 사물을 대하는 태도에는 일종의 경건함이 숨어 있었다. 스스로 그랬고, 보는 사람에게도 자연스레 스며들게 했다. 그래서 자신에게 모든 관심이 쏟아지게 만들었다. 그것이 그의 큰 매력이었고 스스로 잘 알고 있는 무기였다. 사람들에게 어떻게 보여야 할지, 어떻게 사람들의 마음속에 저라는 존재를 각인시키는지 너무나 잘 알고 있는 사람이었다. ... 그런 면에서는 약삭빨라서 위험이 존재하기도 했다. 나를 보면서 어떤 생각을 하고 있을지, 어떻게 행동해야 할지 도무지 표정으로는 알 수가 없어서 안심할 수 없는 사람이기도 했다. ... 내가 의심하는 것은 그의 마음에 들고 싶다는 생각에 기인한 마음이었다.

누구라도, 그의 마음에 들고 싶었을 것이다.

그는 지금 가구에 묻은 먼지를 닦고 있다. 꽃병 옆에 떨어진 물방울을 닦고, 물기 가득한 수건을 세게 짜내어 다시 가지런히 손바닥만 한 크기로 접는다. 그리고 아주, 아주 정성스럽게 가구를 닦기 시작한다. 평범하고 아무것도 아닌 이 행동이 보는 나를 질리게, 경악하게, 숨죽이게 한다. 작은 행동 하나에도 온 마음을 바치는 것처럼, 그의 손길은 섬세하고 조심스럽고 정갈하다. 아니, 뭐라고 설명해야 할지 모르겠다. 경건하다? 아마도, 한 번도 보지 못할 광경, 이라고 해야 할 것 같다. 그런 손길은 앞으로도, 아무도, 보지 못할 것이다. 테이블 위에 떨어진 물방울과 달라붙은 먼지를 나무의 결을 따라 훑어내는... 마치 어린아이의 아픈 배를 조심히 문지르는 것 같은... 천천히... 나무에 작은 흠집도 내지 않으려는 듯한....

그는 보통의 사람과는 달랐다.

그의 까칠함과 까탈스러움, 예민함은 그 자신을 파괴하고자 하는 완벽함과 동시에, 그런 자신을 아껴주길 바라는 아이 같은 미성숙한 애원으로 가득했다. 사람을 도망가지도 외면하지도 못하게 하는 지긋지긋한 죽일 놈의 매력.

나는 그즈음 그를 기다리고 있었다. 그는 자신에게 행하는 타인의 호의나 행동에 의미를 부여했는데 의심하거나 그 의도를 틀어서 생각했다. 비틀린 성격을 상처받은 과거로 동정심 일게 만들었다. 순수하게 받아들이지 못하는 것은 주위 사람들을 서서히 죽인다. 예민함을 관찰하고 눈치 보게 만든다. 그럼에도 그는 매혹적이었다. 단점마저도 장점으로 점철되는. 나에게는 그랬다.

그를 기다리기 시작했을 때부터 나는 자주 웃었다. 당시에 쑥스러움을 어떻게 숨겨야 하는지 알지 못하는 숙맥인 까닭이었다. 대화를 어떻게 해야 그가 나에게 가지고 있는 좋은 이미지를 해치지 않을지 혹은 그게 그의 착각이라는 사실을 계속 숨길 수 있을지, 그의 착각으로 포장된 나를 풀고 싶지 않았다. 그래서 그가 나를 볼 때마다, 애기를 나눌 때마다 수줍은 미소를 흘렸다. 너무 부끄러워서. 착각으로 보이게 하고 싶어서. 말을 많이 하면 탄로 날까 봐. 아직 아무것도 모르고 사람 사이의 셈에 능한 것도 아닌 나를 약아빠진 것처럼 생각하는 것에 희열을 느꼈다. 경험 많고 닳고 닳은 느낌을 가지고 싶었다. 나는 그에게 이성으로부터 여유 있는 모습을 보이고 싶었다. ... 그 정도로 나는 어렸고 그는 어른이었다.

그는 그의 말에 대답 대신 먼저 나와버린 내 웃음에 나를 본다.

'... 자기.'

그는 사람을 부를 때 가끔 자기라는 호칭을 사용했다. 이성적인 호칭이 아니었지만 그의 바운더리 안에 들어온 사람, 나름 믿어 볼 만한 사람, 그런 의미의 사람에게 종종 부르곤 했다. 그가 핸드폰에 내 번호를 저장한 것도 나를 안 지 몇 달이 흐른 뒤라는 사실을 알았을 때, 경계라는 이름으로 두른 견고한 벽에 경악했다. 그 정도로 곁을 주지 않는 사람이었다.

'... 자기.' 미세한 애교가 섞였다. 나를 보며 잠시 미소를 짓더니,

'... 내가 좋아?'

불시에 던져진 그 말에 내가 대답했는지 기억이 잘 나지 않는다. 아마도, 네, 라고 했던 것 같다. 민망할 때는 차라리 솔직함으로 뻔뻔해지는 게 나았다. 그 무렵에는 그가 어느 정도 받아줄 것 같다는 희미한 확신도 있었다. 그가 그였기 때문에, 내가 나였기 때문에 가능한 말이었다.

그의 말투, 적당한 반말과 존대를 섞은 그의 화법에 나는 무방비 상태로 발가벗겨졌다. 적당한 거리에 있다고 생각한 순간, 확 잡아 당겨진 둘 사이의 친밀함은 비밀스럽다. 정신 못 차리고 헷갈리게 만드는 그 말투를 아직도 좋아한다.

혼돈 속을 헤엄치는 것은 살기 위해서가 아니라 살려는 시늉만 하는 것이다. 고개는 드러내어 놓아야 하므로. 나는 혼돈을 즐겼던 것이 확실하다.

웃음이 너무 헤퍼, 이어진 그 말에.

'... 자기는 웃음이 너무 헤퍼.' 그도 어찌해야 할지 모르겠다는 말투로, 너무 나한테 잘 웃어주는 것 아니야, 응?

헤프다, 라는 말에 기분이 좋았던 나는 정상이 아니었을까?

남자가 달래는 말투는 못된 마음이 들게 한다. 더 웃어버릴까, 그를 똑바로 바라보며. 애정이 흘러넘치는 것처럼, 계속 헤프다고 생각하면 좋겠다는 비틀린 욕망을 가진 나는 마음이 병들었던 것일까?

여지를 여기저기 흘리고 다니지 않아서 그러고 싶었던 나는, 기분이 나쁘기보다 그의 문장을 나의 껍데기로 덮어쓰자고 했다.

그의 철저한 인간관계, 지나친 예민함과 타인에 대한 불신, 외로움, 자기 파괴적인 애정결

핍을 나는 좋아했다. 다가가면 외면하지만 계속 다가와 주길 바라는 이기적인 애정결핍. 나는 이렇게 외로운 사람이라는 것을 제발 알아 달라는 구걸에 가까운 애정 결핍이었다.... 뭐가 되었든 평범하지 않은 것이다.

나는 지금까지 그토록 강렬하게 뇌리에 남은 사람을 만나지 못했다. 함께 있으면 의도를 파악하느라 머리를 굴려야 했고 슬쩍 내비치는 애정에 극한의 감정 소모를 겪었던 웃음과, 문장과, 빈 껍데기를 주었던 사람.

... 나는 여전히 그를 생각한다. 사실은 나와 너무나 닮아 있는 그의 비틀린 모습을 가끔 꺼내 본다.

..

그 서늘함에 죽어도 좋다.

찔러도 피 한 방울 나오지 않을 듯한 견고함에 깨져도 좋다.

위압감마저 드는 오만하고 강압적인 태도에 길드는 것도 좋다.

가끔 대드는 나를 봐주는 것도,

약간의 편의를 봐주는 것도,

내 멋대로 유리하게 생각해도 되겠지.

그런 것을 허용하지 않는 너를

알고 있으니까.

"나중에, 정말로 사적으로 만나게 되면 그때. 그때 해줘." 그 후에 이어진 나지막한,

"... 알겠어요?"

이 말에 설렜다고.

이 이상한 화법은 왜 자꾸 나를 어리고 어리게 만드는 거야. 왜 나를 어렸다가 어른이었다가 그저 아는 사람이었다가,

끝내는 어떤 대상으로 볼 수 있는 가능성을 열어 둔 것처럼.

역시 나는 아직 순진해서, 그걸 깨닫자 실소가 터졌다. 그 짧은 말 중에 계속 곱씹고 생각한 것은 '사적으로 만나게 되면'이라는 간사하고 사악한 문장이었다.

기대해도 되는 거냐고 묻고 싶었다. 그럴 날을. 그런 날이 오는 것이냐고. 사적인 관계가 될 수 있냐고.

... 나를 사로잡는 것은 이다지도 쉬운 일이다. 그리고 당신은 그것을 잘 알고 있는 사람이었다.

Mad about you

 귓가를 때리는 생경한 소리에 눈을 떴다. 이게 무슨 소리인가 싶어 고개를 돌려 창을 보는데 온통, 흐리다.

 아 지금 비가 내리는구나, 내릴 듯 말 듯 몇 날을 습기에 젖어 살게 하더니. 한꺼번에 터트려 폭우로 쏟아진다.

타닥타닥, 오랜만에 시원하게 들어보는 빗소리다.

 시간은 오전 열 시.

알람을 끈 지는 한참 되었다. 당장 일어나기는 아쉬워 눈을 감고 이불만 뒤적인다. 대신 그대로 다시 잠에 들지 않으려고 음악을 켠다. 비 오는 날과 어울리지 않지만 요즈음 빠진, 베이스 기타 소리가 매력적인 곡이다. 오래전부터 알던 곡인데 베이스에 집중해서 들은 건 처음이다. 새삼 작곡가의 실력에 감탄한다.

타닥타닥,

창문틀에 튕기는 빗소리가 거세어진다. 전주가 이제 막 끝났을까, 갑자기 음악을 꺼버린다. 창문에 부딪히는 빗소리가 좋아 그것을 가만히 들어보고 싶다. 흔한 차 바퀴 소리도, 지나가는 사람들의 대화 소리도, 옆집에서 들리는 생활 소리도 들리지 않는 고요함에 마음이 안개 낀 숲속의 나무 향기를 맡는다. 새벽, 차가운 초록이 맑게 흔들리는 숲을 본다.

소리가 시원하다. 어느 순간부터 비 오는 날이 좋아졌다. 분명 비가 내리면 짜증이 났었는데 비 오는 날의 우중충함과 어두움이 좋아졌다. 그런 변화가 싫지 않다.

몸을 돌려 창을 가까이한다. 내가 대신 비를 맞는 기분이다. 몇 분이 지났을까, 창에 튕기는 소리가 잦아들었다. 어쩐지 아쉬운 마음이 든다.

이제 일어나야 하기 때문인지 지금 분위기에 더 빠져 있고 싶어서인지 알 수 없다. 기지개를 켜고 다시, 좀 전에 들었던 음악을 켠다. 전주를 돌려 처음부터 다시.

오토바이의 굉음처럼 귀를 긁으며 찢어발기는 기타 소리에 마음이 잠에서 깬다. 너무 좋으면 얼굴이 구겨진다. 베이스와 보컬이 반대편에서 달려와 몸을 부딪치며 폭발하는 황홀함에 눈을 뜬다. 제일 좋아하는 부분이 시작된다.

... 그대 향기를 기억하는 이 못난 내 코... I'm gonna mad about you... 나는 알아 너 없이 살아갈 수 없어...

이제 무너져 가는 내게....

어느, 여름의 노래 / 여름의 시

1.
네가 웃는다. 웃는 얼굴을 본다. 그 웃음이 너무 환해서, 시원한 바람이 불어서,
순간은 완전한 여름이 되었다.
티끌 한 점 없는 청량한 여름의 밤,
무엇이든 이루어질 것 같은,
도저히 파낼 수 없는 여름의 한 조각이 되었다.
그렇게 음악은 나지막하게. 쓸데없이 음악이 너무 좋아서 역시 여름은 어쩔 수 없다고 마음의 열병을 앓기 시작했다.
가까이 있는 것을 진작 알아챌 수 있을까. 정말 하고 싶은 말은 한 박자 늦게, 어쩌면 목이 메어 생각과 다르게 낮은 소리로 말할지도 모르지. 어색함에 또다시 웃는 얼굴에 네가 아닌 여름이 있을까, 생각이 들었다.
사람의 마음이란 참으로 막연하지.
바람이 너무 시원해서 눈가가 시린 것을 억지로 참았다.
그래, 그 웃음에 울지 않을 거라고. 이 완전한 여름은 이렇게 시작하자고.

2.

덧없는 여름, 왜 이렇게 여름밤은 떠올리는 것만으로도 슬픈지 모르겠습니다.

어느 여름밤, 별이 반짝이고 있었습니다.
어느 여름의 꿈이었습니다.

밤에도 밝게 빛나는 나무와 풀이 숨 쉬는 향기로 가득 찬 여름을 보았지요. 다시는 오지 않을 단 한 번의 여름이었습니다. 청춘이었고, 올곧은 마음이었고, 때가 덜 묻은 순수함이 반짝였던 향수였습니다.

여름은 전부 맑은 마음의 그 시절을 얘기한다. 처음. 누구에게도 진심을 주지 않았던 남자는 여자에게만 마음을 열고 사랑에 빠지게 되었습니다, 라는 이야기라든지, 서로 좋아하던 남자와 여자는 너무 어렸고 마음을 숨겼고 훗날 다시 만났을 땐 좋아하는 마음이 남아 있어도 돌아갈 수 없다는 것을 알고 애써 아무렇지 않은 척할 수밖에 없었다는 이야기라든지.

그런 종류의 것들에서 느껴지는 아련함, 아쉬움, 이런 것들이 여름이다.

그 여름에 머무르는 말들은 먹먹하다. 기다려도 돌아오지 않을 거라는 느낌을 지울 수가 없어 자꾸만 사무친다. 잃고 싶지 않아서 어느 여름을 계속 반복해서 들었다. 그러다 너의 이름이 좋아졌다. 너의 이름을 혼잣말로 흘려보냈다. 참으로 좋은 이름이라는 생각을 하게 되던 그 순간에, 너를 더 좋아하게 되었다.

남자가 떠나고 남은 장소에는 더 이상 아무도 찾지 않아, 마당에는 잡초가 자라고 여름이면 반겼던 장미는 꽃이 아니게 되었다더라. 여자는 함께 앉아서 여름을 보냈던 장소가 허물어지는 것이 마음 아파, 남자가 없어도 매년 마당을 가꾸고 사람 손길을 주었다더라. 시간이 흘러, 문득 옛날 생각이 떠오른 남자가 살던 장소에 도착했을 때, 닫혀 있던 문을 조심스레 열자 눈앞에 펼쳐진 것은 눈부시게 만발한 장미, 빛과 함께 쏟아진 붉게 핀 장미로 가득 찬 여름의 정원이었다더라.

남자는 여자가 지금껏 이곳을 가꾸었다는 것을 알아차리고 역시나 나는 네가 정말 좋다, 라고.

그러니 제발 변하라고.

변하지 않는 네가 너무나 좋으니까, 라고.

3.
남자는 폐허가 되어 있을 거라고 생각한 추억이 머문 집에서 눈부신 장미 넝쿨을 보았을 때, 어떤 기분이었을까. 다시 만난 여자를 무심하게 지나쳤지만 뒤늦게 발견한 장미들을 보고 어떤 생각을 했을까.

노래를 들려주고 싶었다.

나는 네게 노래를 들려주고 싶었어. 더듬더듬, 멜로디가 조금씩 이어질수록 손가락에 굳은살이 배었다. 두꺼워지는 살과 함께 선명해지는 소리에 기뻤다. 너에게 노래를 들려줄 날이 점점 다가오고 있음에 서둘렀다. 어느 여름밤에 머무는, 이루어질 수 없는 여름의 노래였다.

그러다, 이 모든 것들이 의미가 있을까 해서,
작게 흐르는 음악과 노랫말이.

너무나 정직한 박자가 좋아서 나도 그렇게나 솔직한 사람이 되자고.

그러다, 숨어 있던 장미의 정원처럼 남자가 찾기 전까지 혼자 간직하고 말자고.
혼자, 간직하자고.

그래서 나의 여름엔 남자가 문을 여는 순간 쏟아져 나온 수많은 장미가 각인되어 있다. 남자의 키보다 훨씬 커버린 장미 넝쿨로 뒤덮인 빛의 정원이 아련하게 남아 있다.

이런 것들이 나의 여름.
푸르고 붉고, 장면으로만 남아 있을 한순간의 빛, 정원.

Rain

연주하면서 고개를 끄덕인다. 두 번.

그건 피아노를 연주하는 것이 아니라 피아노와 '함께' 연주하는 느낌이었다. 피아노가 숨 쉬는 것처럼 다독이면서. 달래면서.

'그래, 그거야.'

'잘했어.'

나는 이런 소리를 내야 하는데, 피아노도 그걸 알고 원하는 소리를 내줬을 때, 맞아, 잘했어, 이런 느낌.

... 이게 너무 감동인거다. 피아노를 다독이는 모습이.

그리고 불어오는 바람. 연주는 바람이었다.

세월이 많이 지나 있었다. 기억은 예전의 생동감 있는 얼굴에서 멈춰 있었고, 그 모습을 떠올리며 마주한 것은 이제 연륜이 느껴지는 모습. 예상하지 못한 만큼 너무 놀라서 한동안 멍하니, 지나온 세월의 시간과 그 공백이 느껴져서 한참을 가만히.

그러다 이게 엄청난 감동으로 다가오는 거야. 세월이 지나도 내가 이 사람의 음악을 계속 들을 수 있구나, 같은 곡을 지금의 연주로 다시 들을 수 있구나, 하는 생각에.

연주하는 손의 움직임이 예전과 다른 느낌으로, 천천히 흐르는 시간의 움직임이 느껴지는 그 행동에 마음이 아련해지고. 깨달았을 때 이미 흐르는, 그런 종류의 눈물이 차올랐다.

지금까지 들었던 연주 중에서 최고로 아름답고 감동적인 모습에 그제야 내리는 비와 흐르는 강물을 이해할 수 있었다고.

Lost Paradise

 그런 날. 늘 걸어가는 길이, 가는 장소가, 하는 일이 갑자기 지겹고 지긋지긋하게 느껴져서 어디론가 달아나고 싶을 때 말이야. 일상이 무료하고 가슴을 번쩍 트이게 할 만한 일이 없을 때. 몇 발짝 걸어가다, 먼 훗날 이 길도 그리워지는 날이 오겠지, 하는 생각이 다시 들 때.

 가령, 걸어가던 길옆으로 늘어선 하얀 벽이라든지, 쭉 이어져 있던 돌담길이라든지, 눈으로 뒤덮여 아무도 없던 한적한 길을 걸어가던 밤이라든지, 너와 나란히 쭉 이어진 돌담길을 걸어가던 그 밤이라든지 이런 것들이 갑자기 아름답다는 생각이 들 때 말이야. 가로등 불빛에 주황색으로 물들어져 소리 없이 내리는 눈 같은 것들.

거기엔 낭만이 있었다. 쌓이는 눈처럼 말이
야.
하지만 지금 여기엔 낭만이 없어. 눈은 제멋대
로 흩날릴 뿐, 어떤 의미도 주지 못해.
낭만을 찾는 일.
나는 지금, 그곳의 낭만을 떠올리고 있다.
눈이 내리니까.

예고 없이 눈이 내린다. 첫눈이 내린 지는 조금
되었지만 항상 처음 보는 것처럼 새롭다.

조금 늦은 시간이었다. 사람의 발길이 길지
않은 곳이었지만 유독, 한적했다. 어둡고, 고요
를 넘어 시간이 정지된 듯한 적막이었다. 아마
눈이 쌓였기 때문이겠지. 아니, 마치 두껍게 쌓
인 눈 아래에 존재하는 세계 같았다. 모든 것이
눈이라는 거대한 산에 꺾여 메아리처럼 되돌아
오는, 규칙적인 벽 아래에 잠들어 있는 균열 없
는 세계. 어쩌면 중력의 영향도 받지 않는, 고요
만이 차분히 내려앉는 그런 곳. 혼자 그 길을 걸
었다. 앞에 펼쳐진 길은 끝도 없이 길었다.
아무도 밟지 않은 눈은 맑았고 그 자체로 보호
해야 할 존재 같았고, 소중해서 만지기도 아까
운 솜털 같았다.

저 깨끗함은 보는 사람을 숙연하게 만들기도, 초조하게 만들기도 하는구나. 발자국을 새기는 것조차 죄책감이 든다.

이런 생각에 서둘러 길을 벗어날까 하다가도, 아무도 없는 돌담길에 쌓이는 눈과 양옆으로 늘어선 가로등 불빛과, 저만치 앞에 걸어가던 너를 보는 그날의 내가 떠올라,

나는 혼자 걸어가던 너를 뒤 따라가고 있었다. 겨울의 칼바람에 몸을 웅크리고 얼어붙던 그 밤에 마음은 저 혼자 뒤숭숭하고 차가워졌다 또 소용돌이치고, 거기에 내 표정도 덩달아 어두워졌을 거야.

발걸음이 빠른 너를 따라잡을까 해서 보폭을 짧게, 부단히 움직이다 아무리 해도 돌아보지 않는 너의 모습에 그마저도 그만두었다. 원래의 발걸음으로 돌아간 것은 체념과, 너를 따라서 걷지 않는 나를 보지는 않을까 하는 일종의 오기 때문이었다.

너를 따라가긴 버거워. 멀찍이 떨어져 천천히 가는 나를 알아주겠니.

눈을 밟아버릴까, 더럽혀버릴까 고민하던 순간이 그랬다. 네가 길 끝에 있는 모퉁이를 돌

아 더 이상 보이지 않았을 때, 마치 처음부터 혼자였던 것처럼 어떤 말도 없이 나를 버리고 가버리는 모습에 멍하니 이것이 꿈인가 싶어, 그다음은 전부 심란한 마음이었다. 너의 의중을 알 길이 없어 머뭇거리며 바라보다가 그냥 고개를 들어 멋쩍게 웃어 버리고,

    그래, 차라리 웃자.

돌담길을 더 천천히 걸으며 풍경을, 그 길을 남김없이 눈에 담으려는 듯이, 주변을 살펴보면서 지나가는 사람들을 괜히 의식하고 의연한 태도인 척했다. 일그러진 마음을 드러내지 않으려 심장을 옥죄었다.

    숨 막혀 새빨개진 심장은 의외로 낭만을 느낀다. 비련의 여주인공이 되어 그 상황을 애처롭게, 아련하게 연기하고 감상에 빠져든다. 모퉁이를 돌면 네가 나를 놀라게 하려고 몰래 숨어서 기다리고 있을 거라고, 느린 발걸음에 낭만과 희망을 담아 발자국을 깊게 새겼다.

    너는 갑자기 잘린 손목이 튀어나와 어깨를 붙잡는 두려움을 느껴 본 적이 있어?
    잡힌 채 끌려가도 아무도 알지 못할 거라는 무서움을 느껴 본 적이 있어?

아마도 비슷한 느낌일 것이다. 너의 모습이 결국 보이지 않았을 때, 내가 느꼈던 혼자라는 허망함은, 너에 대한 애틋함에 금이 가게 만들었다. 아마, 모서리 어딘가는 부서져 내렸겠지. 큰 돌멩이가 비탈에서 굴러 내리듯. 한 발 한 발, 네가 갔던 길을 내딛는 내 마음에 온통 날카로운 돌무더기가 때린 흔적이 멍으로 새겨졌다.

눈 내린 그날의 밤은 그렇게 남았다. 지금의 눈은 낭만이 없어 아픔도 없고 상처도 없다. 이렇게나 매력이 없을까. 나는 마음이 갈라져도 감미로움이 있었고 이렇게 기억을 꺼내어 볼 수 있는 그날의 눈이 그립다.

내리는 눈을 보며 다시, 길을 걸어간다.

..

　나는 가끔 추락하는 것을 느낀다. 잠에 빠지려는 순간, 갑자기 미끄러지거나 높은 곳에서 떨어지는 느낌에 놀라서 눈을 뜬다. 정말로 지면이 움직이는 것을 느껴 큰일 났다는 생각에 망연자실한다.

　추락할 때 내가 느끼는 감정은 하나다. 나는 이제 어떻게 할 수 없겠구나. 내 의지로 힘으로 할 수 있는 것은 없겠구나. 그런 절망과 좌절이다.

　사랑을 포기하는 밤을 생각한다. 앞으로 더 포기할 것들이 얼마나 남았을까, 가늠할 수 없다. 다만, 시간이 지날수록 포기할 것들이 점점 많아지는 것은 어째서일까, 이해되지 않는다. 하는 것들은 계속 이어지고 있고 점점 쌓여갈 것이고 가지게 되는 것도 많아져야 함이 당연한 이치인데 어째서, 여전히 포기해야 하는 것들이 더 많은 것일까.

　내가 이번에 포기한 것은 사랑이다. 사랑을 시작할 수도, 이어갈 수도 없어. 그건 평범한 일상을 포기했다는 것의 다른 말이다.

..

　ㅎ, ㄺ, ㄸ, ㅁ...

말도 되지 않는 이상한 문자를 조합해서는 장미, 라고.

　장미가 어떻다는, 나만 읽을 수 있는 문장을 지어냈다는 기억 하나가.

순간이 지나면 나조차도 알아보지 못하는 몇 초밖에 존재하지 않는 문장은, 의미는.

　이제는 짧은 생명을 대신하는, 짧지만 또렷하게 각인되는 장미 향기처럼 남아서.

예술은 길다.

시는 움직인다.

그림은 방황한다.

사계 _ 겨울

어느 밤에, 손가락 하나가 부러졌다. 닿는 곳마다 뼈가 으스러져도 이상한 것이 없는 매섭고 날 선 바람이 부는 겨울밤이었다. 부러진 손가락은 좀체 낫지 않았고 거의 아물어 갈 즈음, 어느 밤에, 이번에는 팔이 비틀렸다. 채 낫기도 전, 어깨가, 목이, 쇄골 뼈가. 차례대로 관절과 근육이 어긋난 것처럼 꼬이고 뼈마디는 삐걱거렸다.

그 무렵 나는 자주 다치고 어딘가 불편해지는 일이 잦았다. 쉽게 낫지도 않아, 그리고 그것은 시기가 되면 혈관을 타고 흐르다 정착하는 듯 여기저기를 옮겨 다녔다. 이쪽에서 저쪽으로, 왼팔에서 오른쪽 팔로, 어딘가로. 확장해서 영역을 넓히는 것이다.

그렇게 시작되었다. 매일 새로운 고통을 낳는 밤, 뒤틀린 밤이 찾아왔다.

두둑, 관절이 꺾이는 소리가 순식간에 메말랐다.

툭, 나뭇가지가 바람에 부서지는 소리에 주변이 자지러진다.

도망, 도망, 도망쳐라.

잡히기 전에.

침식되기 전에.

창밖으로 우뚝 서 있는 기다란 나무 하나. 안개로 희미해지면 멀어 보이지만 사실은 아주 가까운 위치에서 놀래게 하는 회색 줄기의 기묘한 겨울나기 나무였다. 비틀린 팔과 똑 닮은 틀어진 나뭇가지가 길게 뻗어 꼭 해골의 손가락처럼 보이는 앙상한 나무는 겨울이 되어 생명을 전부 태우고 죽은 것, 혹은 꺼져가는 것일지도 몰랐다.

회색의 긴 손가락은 밤이 되면 창문을 두드리고 그럴 때면 꺾인 관절이 더 치를 떨었다. 얼어붙은 바람의 조각이 마른 나뭇가지에 붙어 유리를 긁어 대는 소리와 창문에 붙었다 떨어지는 모양은 꼭 밖에서 관절을 뒤틀어 춤을 추는 사람처럼 보이기도 했다.

　내 무게에 눌린 매트리스의 스프링 소리가 조용한 방 전체를 맴돈다. 누워서 길게, 뼈를 늘려 본다. 끊어질 듯한 소리에 움찔한다. 팔의 혈관과 근육을 타고 손가락 끝까지 아픔이 전해진다. 근육이 내지르는 비명은 마음을 두렵게 만든다. 이전의 계절로는 돌아가지 못한다는 생각이 강하게 든다.

　밤을 지나며 나무는 전날보다 더 휘어지고 이상한 모양으로 뒤틀렸다. 몸의 아픔을 예고하듯이, 공포에 질려 무력한 나의 모습을 지켜보며 추운 겨울의 칼바람을 이겨내려는 듯이.

　잠은 더 이상 나를 구원하지 못한다.

　잠은 더 이상 고통으로부터 달아날 수 있는 피난처가 되지 못한다.

　부러진 뼈의 비명을, 꺾인 관절의 외침을, 잠들려는 밤의 두려움을 체념하고 받아들이는 것, 이 계절을 그저 견디는 것밖에는 방법이 없다.

도망, 도망, 도망쳐라.

술래에게 잡히기 전에.

이번에는 뼈가 으스러질 거야.

산 채로 묻혀버릴 거야.

영원히 뒤틀린 밤에,

절대 끝나지 않는 1악장에,

머물게 될 거야.

아직 끝나지 않은 날카로운 계절. 귀를 찢어지게 만드는 칼바람의 화음. 새로 다친 손목을 감싸 쥐며 피난처가 되지 못할 잠 속으로 빠지려고 눈을 감는다.

여전히 창문을 두드리는 나무의 마른 손가락. 절망으로 빠지는 겨울.

기나긴 밤의 시간.

..

 그러고 보니, 항상 겨울에 대한 기억이 없었다. 너도 그도 다른 누군가와도 여름과 가을, 혹은 봄에만 존재했다는 사실이 새삼 기막혔다.

 기억과 추억과 감정이 없는 계절이라니.

살롱전. 파리의 빨간 풍차

아직 미완성인 소설의 일부분을 각색함. 인상주의와 물랑 루즈의 초반 이야기로, 실제 인물을 모티브로 했다.

살롱전 (Salon de Paris)

살롱 드 파리.

살롱전이라고 불리는 그림 전시가 시작되면, 사람들은 모두 축제를 즐겼다. 루브르의 살롱 카레(Salon Carré)는 구경하는 사람들로 인산인해였다. 관람에는 특별한 자격이 없었기 때문에 관심 있는 누구든, 그림을 볼 수 있었다. 도시에는 활기가 넘쳤다. 작품들이 벽 위쪽부터 바닥까지 빼곡히 진열되었다.

올해는 누구의 그림이 제일 높은 점수를 받게 될까요.

아카데미 출신 중의 누군가가 아니겠어요? 해마다 그래왔으니까요.

심사위원들, 비평가들은 앞다투어 그해에 열린 살롱전에서 어떤 그림이 가장 뛰어난 지 점수를 매겼다. 살롱전은 보수적인 아카데미가 실권을 장악하고 있었다. 아카데미 회원 출신에게만 전시의 자격이 독점적으로 부여되었다. 그야말로 살롱전은 보수적인 성향의, 권력의 힘이 작용하는 곳이었다.

이 그림이 묘사력이 가장 뛰어난 것 같네요. 사물을 가장, 사실적으로 나타내지 않았나요.

살롱전에서는 원근감을 누가 잘 표현했는지, 얼마나 사실적으로 묘사를 했는지, 주제를 잘 나타냈는지 등의 기준에 맞추어 그림을 평가했다. 그 기준은 그림에 제한적인 틀을 씌웠다. 창의성이 제한되었다.

보나에게, 가스파르가 그림을 출품할 수 있느냐는 문제가 아니었다. 그는 아카데미 출신은 아니었다. 하지만, 그곳의 교수인 자신에게 그림을 배우고 있으니 혹여 문제가 된다면 직접 나서면 될 것이었다. 그리고... 만일을 대비해 그녀에겐 살롱전 최고 심사 위원장인 A가 있었다. A는 그녀에게 풍족하게 생활할 수 있는 물질적인 것들을 제공해 주었고 그런 관계가 보나 역시, 싫지 않았다. 둘을 둘러싼 소문이 무엇이든 간에 그녀에게 A는 필요한 존재였다. 자신과 가스파르의 사랑을 위해 꼭 필요한 존재...

다음 살롱전은 내년에 개최될 예정이었다.

시간은 아직 충분했다. 가스파르의 그림을 심사 위원들의 기준에 맞는 그림으로 다듬으면 될 것이었다. 그는 관찰력이 좋으니 심사 위원들을 만족시킬 것이다. 생각만 해도 괜찮은 계획이었다. 만족스러웠다.

가스파르는 침대에 누워 보나의 말을 곰곰이 생각했다. 그녀의 말대로 그림을 출품해도 괜찮은 것 같았다. 사실, 뚜렷한 꿈이 있는 것이 아니었으므로. 화가로서 이렇다 할 목표를 생각한 것도 아니었기 때문에 그녀와 함께한다는 것이 더 중요했다. 보나의 말대로, 파리에서 화가로 이름을 알리려면 데뷔는 필수였다. 화가로서 급이 나뉘었다. 그림을 팔 수 있는 자격이 생기는 것이었다.

돈이 궁한 것은 아니지만....

가스파르는 귀족 출신의 집안 덕분에 생계를 위해 그림을 팔아야 할 사정은 아니었다. 하지만, 보나가 있었다. 그녀와 함께 새로운 계획이, 생각지도 못한 목표라는 것이 생겼다. 조금 전까지도 함께 있었던 집안을 가만히 둘러보았다. 집이 평소보다 휑하고 삭막하게 느껴졌다.

가스파르는 자리에서 일어나 탁자로 향했다. 어머니에게서 온 편지가 어지럽게 펼쳐져 있었다. 얼마 전에 도착한 어머니의 편지에 답장을 적다 말았다. 쓸 말이 없어서 하루 이틀, 미루고 있던 것이었다. 여전히 걱정하는 내용으로 가득했다. 어머니는 아직도 자신을 여덟 살 어린애로 생각하고 있었다. ... 그녀는 절대로 모를 것이다. 그는 이전에는 몰랐던 경험을 한 완벽한 성인이었다. 그는 성장했다. 쓸데없는 말은 제하고, 앞으로의 계획 몇 가지만 어머니에게 알리기로 했다.

... 보나에게 그림을 배우게 된 것은 큰 행운입니다. ... 화가로서 제대로 된 길을 가려고 합니다. 잘 된다면 그림을 팔 수도...

...

제 걱정은 하지 마세요. 좋은 소식이 있으면 알려드리겠습니다.

편지를 봉투에 넣었다. 보나가 또다시 보고 싶어졌다. 불과 몇 시간 전인데도 못 본 지 며칠이나 지난 것 같았다. 그녀의 집은 마차를 타고 가면 금방 도착하는 거리에 있었다. 가스파르는 서둘러 모자와 코트를 들고 보나의 집으로 향했다. 두근거렸다. 얼마간 달리자 마차의 창문으로 마침내, 연붉은색의 2층 벽돌집이 보이기 시작했다. 가스파르는 서둘러 마차에서 내려 빛바랜 녹색의 문을 두드렸다.

1884년

전시회는 몇 달 후로 다가왔다. 가스파르는 테이블 위에 둔 술을 한 모금 마셨다. 술은 거의 바닥이 났다. 그의 맞은편에 앉은 시릴은 다시 그의 잔에 술을 부어 주었다.

어때, 소감은? 새롭게 느껴지지 않아? 지금까지와는 아주 다른 분위기의 전시잖아.

진한 갈색 머리의 시릴은 올 초에 보나의 화실에 들어온 그녀의 새로운 제자였다. 네덜란드 출신인 그는 가스파르와 동갑이었다.

원래는 신학교에 들어가 목사가 되려고 했어. 부모님의 뜻이기도 했고.

그는 학교 근처 화랑에서 수습생으로 일을 배웠다. 그러면서 여러 그림을 접하게 되었다. 다양한 스타일의 그림을 보았다. 시릴은 가스파르가 마음에 들었다. 가스파르와 보나의 관계가 흥미로웠다. 그는 내색하지 않고 둘 사이를 조용히 지켜보았다. 시간이 지나면서, 시릴의 진중하면서도 솔직하고 자유로운 성격은 점차 가스파르의 마음에도 들기 시작했다.

시릴은 화가로서 자신이 가야 할 길을 정확하게 파악하고 있었다. 그림에 대해 진지하고 정직했다. 가스파르는 그 점이 특히, 흥미로웠다. 둘 사이에는 조금씩 우정이 생겼다. 술과 카페, 밤의 풍경을 좋아하는 시릴 덕분에 가스파르는 조금씩 폭넓은 경험을 하게 되었다.

> 오늘 본 그림들은 그들만의 축제라고 할 수도 있지만 말이야, 심사도 필요 없고 조금의 돈만 낸다면 누구든 작품을 출품할 수 있다고 해. 해보고 싶지 않아?

시릴은 잔뜩 흥분된 목소리로 술잔을 연달아 비웠다.

가스파르, 파리에 와서 확실하게 깨달았어. 나는 이것저것 다양한 그림을 많이 봐 왔고, 또, 소위 말하는 정식 코스의 교육을 받고 있지만 이제는 시대가 바뀌었어. 아카데미에 반대하는 소규모 집단이 점점 늘어날 거란 말이야.

오늘 봤던, 앵데팡당 전(Groupe Des Artistes Indépendants)도 그중의 하나일 거야. 보수적인 살롱전에 대한 반감을 품은 사람들이 만든 독립 예술가 전시들.... 그들이 그리는 그림이 진짜, 살아있는 그림들이라고.

아무튼, 난 너와 보나가 잘되기를 바라. 너의 그림도...

술잔을 다 비운 두 사람은 자리에서 일어났다.

잔느, 소드샤 (Saut de chat)

보나파르트가의 아침 거리는 한산했다. 새벽에 약하게 비가 내렸다. 비가 그친 공기에는 청량한 물 냄새가 섞여 있었다. 흐린 날씨 때문에 이른 아침에도 어두웠다. 우울한 날씨였다. 불이 켜진 곳이 많지 않았다. 깜깜한 레젤(Les Ailes)의상실에 불이 켜진 것은 그때였다.

잔느는 의상실에 불을 밝히고 앞치마를 메고 준비를 했다. 여유로웠다. 알 수 없는 몇 개의 음을 흥얼거렸다. 지금의 날씨와 풍경과 혼자 있는 이 순간들이 잔느를 기분 좋게 만들었다.

습관적으로, 맞은편 건물의 창문을 올려다보았다. 불이 밝혀져 있었다. 남자의 모습이 창문으로 보였다. 저도 모르게 감탄을 아, 하고 내뱉었다. 잔느가 남자에게 관심을 가지게 된 그 표정을 짓고 있었다.

어떤 말로도 저 남자의 대답을 끌어내기는 힘들겠어.

쉽게 다가가기 힘들 정도로 그는 자신과 다른 세상에서 사는 인물 같았다. 아침마다 누군가를 기다리는 듯, 그 남자는 창문 너머로 고개를 내밀었다. 잔느가 이곳에서 일한 지 얼마 되지 않았을 때였다. 차가워 보이는 그의 얼굴에 갑자기 더없이 따뜻한 미소가 번졌을 때, 그 의외성에 놀라서 잔느는 한동안 시선을 돌리지 못했다. 그 미소를 지금도 보고 있었다.

…

그리고, 잔느는 알고 있었다. 저 검은색 머리카락의 남자가 미소를 지을 때는 반드시, 여자가 그의 곁에 있었다. 햇살을 그대로 머금은 것 같은 느낌의 연하고 밝고 화사한 여자였다. 남자의 주변에 있는 다른 사람들 역시 일반 신분의 사람은 아니라는 생각이 들어 남자가 속해 있는 세계는 잔느와 더 멀어졌다.

잔느는 자리에서 일어나 서둘러 일을 시작했다. 오늘은 조금 서두를 필요가 있었다. 저녁에 들를 곳이 있었는데 처음 가 보는 그곳은 그녀의 또 다른 일자리가 될지도 몰랐다.

소드샤(Saut de chat).

작은 수녀원을 개조한 그곳은 크게 유명하지는 않았다. 이제 막, 여기저기 생기기 시작한 여느 댄스홀과 다름없는 곳 중의 하나였다. 몽마르트르 거리에 자리 잡고 있다는 점이 마음에 들었다.

안면이 있는 부인들끼리 의상실에서 만나면 작은 담소를 나누고는 했다. 요즈음에는 파리에 정착되는 새로운 문화들에 대해 열띤 토론을 벌였다. 생제르맹 거리에 새로 문을 연 카페와 새로운 음식들, 디저트, 유흥에 대해서.

소드샤에 대해 들어 보셨나요? 요즘 그곳이 인기라던데.

온통 남자들밖에 없다던데요. 그런 곳은 솔직히 저급해서...

그들은 작게 속삭였다. 소드샤. 잔느의 인생이 달라지게 되는 기점이었다. 잔느는 그들의 이야기에 귀 기울였다. 댄스홀이라는 단어가 신경을 집중시켰다. 의상을 배우고 싶은 그녀는 경제적으로 여유롭지 못했다. 생활을 위해 돈을 벌어야 했다. 춤은 그녀가 어린 시절부터 그녀의 어머니를 통해 익숙하게 접했던 것이었다. 잔느는 귀족 출신의 아버지와 화류계에서 일했던 어머니 사이에서 태어난 사생아였다.

잔느는 바늘에 실을 두어 번 감아 당겨 매듭을 지었다. 손바느질은 아직도 익숙하지 않았다. 시간이 지나 거리에는 활기가 돌았고 오전의 우중충함도 사라지고 없었다. 벽에 걸린 시계를 쳐다보았다. 소드샤에 도착하려면 몇 시간 뒤에 출발해야 했다. 잔느는 혹시나, 하는 생각으로 고개를 들어 건너편 창문을 보았다. 남자의 모습은 보이지 않았다. 왠지 아쉬운 마음이 드는 것은 어쩔 수 없었다. 다시 멈췄던 일을 시작했다. 곧 경험하게 될, 소드샤에 대해 생각했다.

Give to me forever
절대 낭만*

영혼이 운다는 단어를 번역하지 말아 주세요,
타오르는 마음은 고통으로 가득 차 있다는 말도 번역하지 말아 주세요.

... 아, 절망이여.

그리고 마지막으로,
나에게 영원을 달라는 문장도 그대로, 가만히 놓아주세요. 해석을 하면 망가진답니다.

새벽바람에 방안이 한기로 채워졌다. 바람은 순수하게 순간의 차가움을 날 것 그대로 알려준다. 창문 밖에서 맴돌다 가장자리에 흔적을 남기고 사라지는 무형의 존재를 피부로 느끼는 새벽, 얼어붙은 심장이 창문에 매달렸다.

그런 느낌이에요,
살아있지만 창문에 매달린 채 얼어붙은 심장을 느끼는 일, 수축만 반복하다 쪼그라드는 바람 빠진 비닐의 애처로움을 느끼는, 그런 것이요.
하지만 말로 설명할 수 없어요,
라고.
그리고 그것은, 나에게 영원을 달라는 문장이 가슴에 박힐 때와 같은 느낌이랍니다,
라고.

그러면 나는 문장을 생각한다. 타오르는 마음은 고통으로 가득 차 있다는 문장을 생각한다. ... 아 절망이여. 시처럼 들리는 체념 섞인 문장을 생각한다. 너무나 절망적이라 감탄하고 마는 단어들의 조합. 짧은 말로 사람의 심장을 낚아채는 마법 같은 힘을 생각한다.

그리고 그림자처럼 뒤에서 받쳐주는, 뜻보다 먼저 새겨지는 울림. 의미보다 먼저 나를 사로잡은 소리와 이미지를 떠올린다. 모든 감정을 응축시켜 손가락으로 뭉그러뜨리는 절망의 소리,

그건 손가락을 피아노 건반에 짓이길 때 나타난다. 둥글린 마디를 천천히, 나뭇가지가 부러지는 것처럼 각지게, 날카롭게, 그런 힘으로 펼칠 때 들을 수 있다.

손끝에 절망을 담으세요.
구겨진 피아노 소리에 내 심장도 함께 뭉그러진다.

여운에 숨을 죽이는 심장이여. 숨을 죽여도 애달픔을 따라갈 수 없는 심장이여.

나에게 영원을 주세요.

그리고, 저에게도

그 낭만을 나누어 주세요.

차가운 바람에 흐트러지는 장미꽃을 본 적이 있냐고. 둥글었던 장미가 한 장씩 해체되며

온통 붉게 물들이는 풍경 한가운데 서서, 떨어진 꽃잎을 보면 사라지는 영원을 잡고 싶다는 바람이 인다. 너무 황홀한 순간의 낭만이 순식간에 슬픔으로 변하는 아이러니.

하지만, 영원을 빼앗아 버린 작고 투명한 독약은 푸른색이었다.

※ 영화 『로미오와 줄리엣 (1996년)』의 OST 'Kissing you'에 대한 내용

New Moon
삭. 달 없는 밤

　　만월. 그 설렘. 보름달의 서슬 퍼런 낯빛을 사랑한 나를 떠올린다. 달빛이 막막하게 내려온 밤의 모서리를 찬양했다. 돌 위에, 나무 위에, 손 위에 얇게 펼쳐진 월광의 날카로운 한 겹을 맹목적으로 쫓았다. 신비롭고 아름다운 납빛 얼룩을 보며 밤의 인상을 노래했다. 어떤 음악은 3개의 악장을 지나며 비장하고 격동적인 빠르기로 달을 산산조각 내버렸다. 그 음악. 내가 미치도록 빠져들었던.

그건,

끝없는 기다림으로 마음을 소진하는 사랑, 타버리고 쌓인 재의 무덤을 끌어안는 사랑, 혼자 검은 파도의 장막을 열고 들어가는 그런, 보답 없는 사랑, 혹은, 밤보다 어두운 단어로 글을 쓰는 것이 어울리는 종류의 것이었다.

나는 아무래도 곧 죽어도 $C^{\#}$ minor의 비극적이고 묵직한 음계가 만들어 내는 오선 안에 파묻혀 버리고 싶었다. 가느다란 다섯 개의 선 위에서 펼쳐지는 달과 환상의 굴레에 자신을 던지고 싶었다. 늪, 아름답고 무시무시한. 그 검은 외줄을 오르고 내리기를 반복했다.

눈을 감고 어둠이 스며드는 것을 느낀다. 그럼 펼쳐지는 것은 지평선이 보이지 않는 멀고 광활한 검은 대지. 무한히 펼쳐진 검은 바다. 달이 존재하지 않는.

지금, 달이 사라진 하늘을 본다. 오늘은 달이 뜨지 않은 날. 하늘에 달이 없는 날이다.

나는 눈앞의 완벽한 어둠을 본다.

이런 밤에는 사물의 그림자가 몸에서 떨어진다. 어둠을 위안 삼아 자기 의지를 가지고 달아나거나 새로운 주인을 찾아 나선다.

누군가는 불의의 사건으로 인해 물 아래로 가라앉았다. 그림자는 주인을 버렸다. 잔혹한 월광을 유려한 아름다움으로 그려내던 몇 안 되는 이였다. 달 없는 밤이 지나면 그 자리를 대신할 새로운 사람이 떠오를 것이다.

그러면,

아무 일도 없었다는 듯이 다시 말갛게, 세상 무해한 표정으로 내려다보는 납덩어리를 만나게 되고 나는 또 다른 인상을 들려주는 그것에 매료될 것임이 분명하다.

달이 모습을 감춰버린 지금,

$C^\#$ minor의 환상이 새롭게 태어날 날을 기다린다. 완벽한 주인과 함께 등장할 순간을.

..

 돌아보면 절망과 함께 살았던 볕 따뜻한 날들. 그해 봄은 입 밖으로 꺼낼 수 없는 말이 절로 튀어나오지 않게 꼭꼭 삼키기 바빴던 날의 반복이었다. 말로 뱉으면 주워 담을 수 없을지 걱정되어 글로 적을까, 그러다 그마저도 눈치가 보여 손끝을 맴돌다 속으로 썩어 들어갔던 그 봄에, 여자는 나락을 걷고 있었다.

 꺼낼 수 없는 말을 내뱉고 싶어 크게 소리치고 던져버릴까, 그래도 말이 그대로 이루어지면 안 된다고. 입술 끝에 매달린 단어를, 문장을, 혓바닥으로 쓸어 버리고.

 그해 여름은, 말을 삼켰던 봄의 울분이 독기 빠진 무기력이 되어 현실을 외면하고 차라리 잠시 쉬어 가기를 택했다. 누구의 기대도 호응도 상관하지 않고 아무것도 하지 않는 날을 흘려보냈다.

 지금, 그래도 그때 입 밖으로 내뱉지 않아서 다행이라고. 그래서 아직 이렇게 이어가고 있는 것이 아니겠냐고.

**낭만적-인상주의,
블루 발렌타인의 시**

Copyright ⓒ 문지하, 2024

글, 그림 **문지하**

초판 1쇄 2024년 09월 30일

편집　　문지하
디자인　문지하
펴낸곳　midnight poetry
이메일　yium38317@naver.com
Instagram @jiha_moon
　　　　　@_midnight.poetry
ISBN　979-11-989261-0-4 (03800)

*책의 일부 또는 전부를 재사용하려면 반드시 저작권자와 출판사의 동의를 얻어야 합니다.

midnight poetry